Kristin Berger-Loewenstein

VISUALISIERUNG

— Erfolg durch Positives Denken —

Wie Sie Ihr Unterbewusstsein auf Erfolg neu programmieren, Ihre Träume verwirklichen und zu mehr Gelassenheit und Glück in Ihrem Leben finden

Originale Erstauflage: Dezember 2019

Druck / Auslieferung: Amazon oder eine Tochtergesellschaft
Independently published

Cover: art4all / Shutterstock

ISBN: 978-1670629036

LOEWENSTEIN
BÜCHER & MEDIEN

Loewenstein Bücher&Medien GmbH
Stresemannstraße 84
D-22769 Hamburg

Inhalt

Vorwort **4**

Einleitung: Magische Momente **6**

Gründe, warum Sie die Visualisierung für sich nutzen sollten **10**

Die Macht der positiven Gedanken 10

So gut wie Gold: Das Gesetz der Anziehung 14

Positive Nebenwirkungen der Visualisierung 18

Erfolg auf privater Ebene **28**

5 einfache Strategien, die garantiert wirken 28

Die Geheimnisse eines erfolgreichen Visionärs 35

Mit dieser Methode haben Sie Ihre Vision immer vor Augen 39

Werden Sie selbst zum Regisseur des Lebens 43

Wie funktioniert ein Mind Movie? 44

Die Zauberformel für sofort mehr Lebensenergie 48

Im Beruf endlich durchstarten **53**

Den Berufsalltag einfacher gestalten 53

Andere überzeugen und gemeinsam profitieren 57

Die Regel #1 für Unternehmen 60

Lassen Sie die Magie in Ihr Leben **64**

Mit diesen kleinen Übungen kommen Sie Ihrem Lebenstraum näher . 64

Auf ein Wort 72

Vorwort

Wünschen Sie sich auch mehr Erfolg im Beruf oder im Privatleben? Möchten Sie Ihre Ziele schneller erreichen oder haben Sie vielleicht Versagensängste? Fragen Sie sich manchmal, warum einige Menschen so erfolgreich sind, während Sie auf der Stelle treten? Das Geheimnis des persönlichen Erfolgs liegt in der Visualisierung.

Die Wirkung der Visualisierung ist sehr stark und viele erfolgreiche Menschen nutzen sie. Dazu gehören zum Beispiel Leistungssportler, die sich bildlich vorstellen, wie sie ihr gesetztes Ziel erreichen und damit ihre Motivation und Leistung steigern können. Doch auch prominente Personen wie Oprah Winfrey, Bill Gates, Anthony Robbins oder Will Smith nutzen die Macht der Visualisierung, um ein erfülltes und erfolgreiches Leben zu führen.

Wollen auch Sie zu diesen erfolgreichen Menschen zählen? Möchten auch Sie, dass sich all Ihre Ziele und Wünsche erfüllen? Dann kann Ihnen dieses Buch dabei helfen, Ihr Leben auf die Erfolgsspur zu lenken. Das klingt zu schön, um wahr zu sein? Es funktioniert, sofern Sie sich darauf einlassen.

Die Visualisierung ist eine effektive Technik, deren Ursprung in der Meditation liegt. Die Methode dient dazu, die eigenen Wünsche und Ziele schneller zu erreichen. Dabei definieren Sie ganz klar Ihre Ziele, zeichnen genaue und gedankliche Bilder, wie Sie dieses Ziel erreichen und verknüpfen dieses dann mit einer starken Emotion.

Allein diese simple Technik wird Sie schon ein ganzes Stück näher zum Ziel führen, da Sie bewusst oder unbewusst Ihre Handlungen danach ausrichten werden. Die meisten Menschen nutzen diese Methodik bereits unbemerkt in ihrem Alltag.

Wir Menschen haben permanent Bilder im Kopf, die wie ein Film vor unserem inneren Auge ablaufen. Doch geschieht dies häufig in einem negativen Kontext, in dem man sich auf Sorgen, Probleme und Ängste konzentriert und sich die schlimmsten Szenarien vorstellt. Dadurch sinken jedoch Motivation und Selbstbewusstsein. Die Kunst der Visualisierung liegt also darin, diese Technik bewusst zu nutzen, um positive Gedanken und Bilder zu erzeugen, die zu Ihrem Ziel führen. Indem Sie sich immer wieder vorstellen, wie Sie erfolgreich sind und Ihre Wünsche sich erfüllen, verankert sich die vorgestellte Realität in Ihrem Unterbewusstsein, wirkt sich dadurch positiv auf Ihre Einstellung aus und wird so schlussendlich zur Realität.

Dieses Buch widmet sich der verschiedenen Techniken der Visualisierung. Dadurch können Sie selbst wählen, welche Form am besten zu Ihnen passt. Gleichzeitig soll das Buch Ihnen Tipps geben, wie Sie diese Techniken in Ihren Alltag integrieren können, um so die Macht der Visualisierung optimal nutzen zu können.

Auch Unternehmen können von diesem Buch profitieren. Es beinhaltet bewährte Methoden, um den Arbeitsalltag erfolgreicher und effizienter zu gestalten, die Teamfähigkeit unter den Mitarbeitern zu stärken sowie eine gemeinsame Unternehmensvision zu schaffen.

Für wen ist dieses Buch geeignet? Das Buch richtet sich an alle Menschen, die mehr in ihrem Leben erreichen wollen. Menschen, die sich von der Masse abheben möchten, indem sie nicht nur von ihrem Leben träumen, sondern ihren Traum leben. Robert Collier sagte dazu einmal: „Sehen Sie die Dinge nicht, wie sie sind, sondern wie Sie sie haben möchten."

Kristin Berger Loewenstein

Einleitung: Magische Momente

Sind Sie bereit für ein bisschen Magie? Ich würde Ihnen gerne ein bisschen mehr über die magischen Kräfte der Visualisierung erzählen. Geschichten von Menschen, die ihr Leben von Grund auf geändert haben. Emotional, körperlich oder materiell. Diese Geschichten sollen Ihnen zeigen, dass, egal wie verrückt Ihr auch Traum erscheinen mag - er kann wahr werden!

Die erste Geschichte, die ich Ihnen erzählen möchte, handelt von Dr. Joe Dispenza. Er ist ein amerikanischer Neurowissenschaftler und hat Unglaubliches geschafft – und das nur mit Hilfe seiner Gedanken. Mit 23 Jahren erlitt er einen schlimmen Schicksalsschlag. Während eines Triathlons wurde er von einem Geländewagen erfasst und zog sich schwerwiegende Verletzungen an der Wirbelsäule zu.

Seine Ärzte hatten kaum Hoffnung, dass er jemals wieder laufen könne. Doch Joe Dispenza wollte diese schlimme Nachricht nicht für sich akzeptieren. Stattdessen wollte er sich auf die starke Kraft, die einstmals seinen Körper geschaffen hatte, konzentrieren und diese reaktivieren.

Also lehnte er die von seinen Ärzten empfohlene Operation ab. Stattdessen schloss er einen Vertrag mit sich selbst. Sollte er es schaffen, dass sich sein Körper allein mit der Kraft seiner Gedanken heilt, würde er für den Rest seines Lebens versuchen, diese Kraft zu erforschen, um sie zu erfassen und mit der Welt zu teilen.

Das Wunder wurde wahr: Binnen weniger Wochen hatte er es geschafft, wieder vollkommen gesund zu werden. Er konnte wieder laufen. Was wie ein Märchen klingt, ist wirklich passiert. Damit hat er bewiesen, welche Macht unsere Gedanken auf unseren Körper haben.

Dr. Joe Dispenza widmet sich seither wie versprochen dieser Kraft der Gedanken und lässt andere an seinem Wissen teilhaben. Er verbindet Spiritualität mit Wissenschaft, wie niemand anderes auf der Welt. Seine Spezialgebiete sind die Funktionsweise des Gehirns, die Zellbiologie und die Gedächtnisbildung. Er hat bereits mehrere Artikel und Bücher über die Kraft der Gedanken auf den Menschen geschrieben und viele damit inspiriert, an sich und diese Kraft zu glauben.

Eine weitere Person, die mit Hilfe der Visualisierung ihr größtes Ziel erreicht hat, kennen Sie wahrscheinlich alle. Es ist Jim Carrey. Wie fast jeder erfolgreiche Mensch hat auch Jim Carrey von ganz unten angefangen. Zu Beginn seiner Schauspielkarriere bekam er nur unbedeutende Rollen und war nahezu mittellos.

Dies wollte er ändern und nutzte dafür die Kraft seiner Gedanken. Jeden Tag fuhr er durch die Straßen Hollywoods, hinauf zum berühmten Hügel mit dem Hollywood-Sign. Dort setzte er sich hin und stellte sich vor, wie er ein erfolgreicher Schauspieler sei. Er visualisierte, wie Produzenten und Regisseure auf ihn zukommen und ihm eine Rolle in ihren Filmen anbieten.

Er stellte sich bildhaft vor, wie die Menschen ihm begegneten. Wie sie ihm Respekt für seine schauspielerische Leistung zollten. In Gedanken lebte er bereits in der Rolle als erfolgreicher Schauspieler. Neben diesen Visualisierungen stellte er sich zeitgleich auch einen Scheck aus. Dieser Scheck war 10 Millionen Dollar wert. Sein Ziel war es, dass dieser Wert einmal Wirklichkeit wird.

Dafür gab er sich 3 Jahre Zeit. Innerhalb dieser 3 Jahre wollte er also 10 Millionen Dollar verdienen. Der Scheck war auf das Datum ausgestellt, an dem im Jahr 1995 Thanksgiving gefeiert wurde. Jim Carrey bewahrte ihn stets in seinem Portemonnaie auf und holte ihn oft hervor. Dabei stellte er sich bildhaft vor, wie das Geld ihm bereits gehört und hielt sich damit sein Ziel stets vor Augen.

Und dann passierte es: Kurz vor Thanksgiving im Jahr 1995 bekam er die Rolle in dem Film „Dumm und Dümmer“ angeboten. Die Gage betrug 10 Millionen Dollar. Sein Traum wurde also wahr. Durch die Kraft seiner Gedanken und der stetigen Fokussierung auf sein Ziel konnte er es letztendlich erreichen.

Seitdem inspiriert er viele Menschen mit seiner Geschichte und gibt ihnen Mut, dass alles zu schaffen ist - wenn man nur fest genug daran glaubt.

Das nächste Beispiel soll Ihnen zeigen, dass Sie nicht nur Ihr eigenes Verhalten und Glück beeinflussen, sondern auch andere Personen dazu bringen können, das zu tun, was Sie sich wünschen.

Kennen Sie Rudolf Schenker? Viele kennen ihn wahrscheinlich eher als Bandleader und Gitarrist der Hardrock-Band „Scorpions". Trotz seines Images als Rocker ist er ein sehr spiritueller Mensch, der seit vielen Jahren Yoga und Meditation praktiziert. Er nutzt ebenfalls die Kraft der Gedanken für sich und baut Visualisierungen in seine täglichen Meditationen ein.

Zusammen mit Lars Amend hat er seine Biographie geschrieben. Dafür benötigten sie noch einen Verfasser für das Vorwort. Rudolf Schenker suchte sich dabei keinen geringeren als Paulo Coelho aus. Paulo Coelho ist der Verfasser von „Der Alchimist" - eines der berühmtesten und inspirierendsten Bücher der Welt.

Er erzählte Lars Amend, dass Coelho das Vorwort schreiben wird, welcher sofort hellauf begeistert war. Sofort informierte er seinen Verlag und die Presse, dass Paulo Coelho das Vorwort verfassen würde. Ein paar Wochen später lädt Schenker Amend zu sich nach Hause ein, um zusammen mit ihm eine E-Mail zu schreiben.

Während Amend also niederschrieb, was Rudolf Schenker ihm diktierte, konnte er es kaum glauben. Sie formulierten gerade eine Nachricht an Coelho, um ihn zu fragen, ob er das Vorwort für ihr Buch schreiben würde. Dabei ging Amend davon aus, dass Coelho bereits zugesagt hätte. Schließlich hatte er schon allen erzählt, dass er das Vorwort schreiben würde. Aber was ist, wenn dieser jetzt ablehnt? Doch Rudolf Schenker blieb ruhig und ließ sich nicht beirren.

Und tatsächlich: Kurze Zeit später kam die Zusage. Wie war das möglich? Schenker hatte sein Ziel schon von Anfang an vor Augen. Er visualisierte während seiner Meditationen, wie Coelho das Vorwort für sie verfassen würde. Mit einem klaren Bild, der Kraft seiner Gedanken und konkreten Handlungen, hatte er sein Ziel erreicht. Er hat eine positive Energie ausgesendet, die zu ihm zurückkam.

Sie sind noch nicht überzeugt? Dann habe ich noch ein gutes Beispiel für alle Sportmuffel. Wussten Sie, dass Sie Ihre Muskeln trainieren können ohne Sport zu machen? Sie haben richtig gelesen. Ohne Sport! Wissenschaftler haben herausgefunden, dass ein Muskelzuwachs möglich ist, auch wenn der Betreffende kein aktives Training betreibt. Einzig und allein über mentales Training ,kann man mit der Kraft seiner Gedanken seine Muskeln stärken. Durch die Gedankenkraft werden Signale an die Muskeln gesendet, die diese anregen und stimulieren. Dies wurde sogar bei eingegipsten Armen nachgewiesen. Die Probanden sollten sich dazu täglich mit größtmöglicher Konzentration bildlich vorstellen, wie sie ihren Arm trainierten.

Und tatsächlich konnte innerhalb kürzester Zeit eine Zunahme der Muskelkraft verzeichnet werden. Die Muskeln sind regelrecht gewachsen. Das ist besonders für Patienten, die bettlägerig sind und unter Muskelabbau leiden, eine große Chance. Mit der reinen Kraft der Gedanken könnten sie dem Muskelabbau entgegenwirken und würden sich dadurch schneller wieder erholen. Wenn Sie also das nächste Mal nicht ins Fitnessstudio gehen möchten, lassen Sie Ihre Muskeln zumindest gedanklich arbeiten.

Es ist schwer, daran zu glauben, wenn man es noch nie erlebt hat. Ganz einfach, weil man es nicht versteht.

Doch man muss nicht alles im Leben immer vollkommen verstehen. Viel wichtiger ist der Glaube – der Glaube an die Macht der Gedanken, an den Fluss des Lebens und des Universums. Dazu braucht man Mut.

Sind Sie mutig genug daran zu glauben? Dann kommen Sie mit auf eine Reise durch die aufregende Welt der Gedankenkraft, der positiven Energie und Lebenserfüllung.

Gründe, warum Sie die Visualisierung für sich nutzen sollten

In diesem Kapitel möchte ich Ihnen erklären, warum es so sinnvoll ist, dass Sie die Visualisierung in Ihr Leben integrieren. Dabei werde ich auf verschiedene positive Aspekte der Visualisierung eingehen und beweisen, warum Sie dieses mächtige Mittel nutzen sollten, um in Ihrem Leben ganz automatisch erfolgreich zu werden.

Die Macht der positiven Gedanken

„Die Gedanken sind frei ..." - Das erkannten die Komponisten des populären Volksliedes bereits im 18. Jahrhundert. Auch der Philosoph Cicero veröffentlichte diesen berühmten Satz. Die Grundidee stammt jedoch bereits aus der Antike. Und obwohl unsere Gedanken frei sind und wir uns alles Mögliche erträumen können, hängen wir uns viel zu häufig an die negativen Aspekte unseres Lebens und des Alltags.

Wie oft denken Sie an die vielen Dinge, die Sie noch zu erledigen haben? Wie oft schreiben Sie gedanklich Ihre Einkaufslisten, während Sie eigentlich gerade etwas anderes tun? Wie oft haben Sie beklemmende Gedanken und denken an Ereignisse, die eventuell passieren könnten? Finden Sie sich darin wieder? Häufig lassen wir uns von unseren Emotionen und Ängsten so stark beeinflussen, dass wir keine richtige Kontrolle mehr über unsere Gedanken haben. Doch ich habe eine gute Nachricht: Wir müssen unsere Gedanken nicht von anderen Menschen, unseren Emotionen oder unserer Umgebung beeinflussen lassen.

Wir haben das, was wir denken, selbst in der Hand. Wir allein können entscheiden, was wir denken und wie wir auf den Druck von außen reagieren. Wir müssen uns nicht von unseren Gefühlen lenken lassen, sondern können selbst entscheiden, was wir fühlen und wie wir eine Situation wahrnehmen.

Gedanken sind ein extrem wirkungsvolles Werkzeug. Aber leider nutzen die meisten Menschen ihre Gedanken im negativen Sinn.

Dass Sie nun dieses Buch lesen und beschlossen haben, Ihre Persönlichkeit weiterzuentwickeln, zeigt, dass Sie nicht (mehr) zu diesen Menschen gehören. Sie sind bereit, Ihr Leben und Ihre Gedanken selbst in die Hand zu nehmen. Darauf können Sie sehr stolz sein.

Die Kunst des Erfolges liegt darin, dass Sie Ihre Gedanken selbst bestimmen und sich auf die positiven Aspekte fokussieren, die Sie in Ihrem Leben erreichen möchten. Wenn Sie sich nur auf die negativen Faktoren konzentrieren, werden Sie nie an Ihre Ziele kommen.

Sobald Sie jedoch beginnen, positiv durch Ihr Leben zu gehen und die Augen nicht verschließen, werden wunderbare Dinge passieren. Sie werden nicht mehr die Probleme und Risiken wahrnehmen, sondern die Chancen erkennen, die Ihnen geschenkt werden.

Sie sollten die Macht der positiven Gedanken unbedingt für sich nutzen. Werden Sie der Herr über Ihre Gedanken - nichts und niemand anderes. Nur dann werden Sie ein selbstbestimmtes Leben führen, eines, das nicht fremdgesteuert ist, sondern ein Leben, wie Sie es sich wünschen. Sie haben die Macht. Das sollten Sie sich immer vor Augen führen, wenn Sie sich wieder einmal in Ihrem Alltag verlieren.

Wir Menschen haben in der heutigen Zeit mehr und mehr verlernt, auf uns selbst und unser Inneres zu hören. Viel zu oft tun wir nur das, was von uns erwartet wird und nicht das, was uns glücklich macht. Mehr als jemals zuvor sollten wir zu uns selbst zurückfinden, zu dem, was wir wirklich im Leben wollen - von ganzem Herzen und mit voller Leidenschaft.

Wie sehr wünschen Sie sich endlich das tun zu können, was Sie schon immer tun wollten? Jeden Tag so zu leben, wie Sie ihn sich vorstellen? All Ihre Träume erfüllen zu können? Von Grund auf glücklich zu sein? Ohne innere Widersprüche zu sein und im Reinen mit sich selbst?

Ich glaube, dass sich das jeder Mensch tief in seinem Inneren wünscht. Doch nicht jeder handelt so, damit diese Wünsche auch in Erfüllung gehen. Diese Menschen sind in sich selbst gefangen und schaffen es nicht, auszubrechen. Egal, wie sehr sie es scheinbar versuchen, es ändert sich nichts in ihrem Leben. Oder sie versuchen es erst gar nicht, weil sie Angst haben - Angst vor Veränderungen und vor dem, was passieren könnte.

Ein Leben in der Komfortzone scheint – oberflächlich betrachtet - für viele ein sehr angenehmes Leben zu sein. Allerdings wird man sich mit dieser Taktik niemals seine Träume erfüllen. Träume erfüllen sich nicht in der Komfortzone, sondern erst dann, wenn man neue Wege beschreitet und bereit ist, an sich zu arbeiten. Und das bedeutet auch an seinen Gedanken zu arbeiten.

Ihr Gehirn muss mit positiven Gedanken geflutet werden. Und diese Gedanken sollten so positiv und intensiv wie nur möglich sein. Sie sollten alle Sinne einschließen und Ihren ganzen Körper durchströmen. Stellen Sie sich die buntesten, lebhaftesten und detailreichsten Bilder in Ihrem Kopf vor - so oft wie möglich.

Ihr Gehirn ist nicht in der Lage zwischen dieser Imagination und der Realität zu unterscheiden. Das wurde wissenschaftlich umfangreich belegt. Es spielt also keine Rolle, ob Sie sich eine Situation nur vorstellen oder ob Sie diese wirklich erleben. Für Ihr Gehirn wird es so sein, als würden Sie bereits jetzt in der gewünschten Wirklichkeit leben. Deshalb sind die Gedanken unser mächtigstes Werkzeug.

Gedanken sind so einflussreich, dass sie das Gehirn sehr oft einfach austricksen können. Es klingt wie Zauberei, aber es funktioniert wirklich. Wir brauchen nur Mut, um daran zu glauben. Auch, wenn es uns wie eine höhere Macht erscheint, die wir nicht verstehen.

Wir Menschen haben oft den Drang danach, alles verstehen zu wollen und zu hinterfragen. Doch haben Sie den Mut daran zu glauben. Ich verspreche Ihnen, dass Sie nicht enttäuscht werden. Nur, weil man etwas nicht versteht, bedeutet das nicht, dass es nicht wirklich wahr ist. Allerdings fällt es uns Menschen dadurch schwerer diesen Weg zu gehen - weil wir ihn nicht begreifen, weil wir nicht wissen, was passieren wird.

Wenn Sie jedoch einmal erleben, wie Sie Ihr Ziel mit reiner Gedankenkraft erreichen, wird das „Wie" vollkommen unwichtig. Sie werden fassungslos und begeistert zugleich sein - und dann noch viel mehr wollen. Wenn wir wissen, wie wir unsere Gedanken für uns nutzen können, ist es möglich alles zu erreichen, was wir uns jemals erträumt haben. Jetzt fragen Sie sich vielleicht, warum nicht mehr Menschen dieses mächtige Mittel nutzen, um erfolgreicher zu werden. Wenn es so einfach ist, müsste es doch eigentlich jeder tun und automatisch erfolgreich sein.

Die meisten Menschen visualisieren bereits tagtäglich, aber sie hängen die meiste Zeit den negativen Gedanken hinterher. Die Wirkung der Visualisierung gilt jedoch nicht nur für Träume, sondern auch für Albträume. Deshalb ist es so wichtig, dass Sie sich darüber im Klaren sind und Ihre Gedanken bewusst einsetzen.

Doch warum haben so viele Menschen negative anstatt positive Gedanken? Weil es so einfacher ist. Sie müssen an ihrem Verhalten nichts ändern, leben in der Komfortzone, obwohl sie dort eigentlich nicht glücklich sind. Das Leben ist angenehmer, wenn man die Schuld an andere abgibt und sich dadurch von der eigenen Verantwortung für schwierige Situationen befreit.

Doch Sie gehören nicht zu diesen Menschen. Sie möchten mehr in Ihrem Leben - mehr Erfolg, mehr Glück, mehr Bestand. Warum? - Weil Sie sich dafür entschieden haben, dieses Buch zu lesen. Sie haben den ersten Schritt gemacht, um aus Ihrer Komfortzone herauszukommen. Sie investieren in sich selbst und das ist das Beste, was Sie machen können.

Einstein formulierte es einmal so: „Du kannst nicht erwarten, dass etwas Neues in dein Leben tritt, wenn du das Alte immer wiederholst". Und genau das ist der Kern. Ohne Veränderung gibt es keine Entwicklung. Man muss etwas wagen, um eine Veränderung hervorzurufen. Neue Wege beschreiten, an sich selbst arbeiten, positive Energie von außen aufnehmen und diese dann auch nutzen.

Lassen Sie die positive Energie in Ihr Herz fließen. **Denken Sie großartig.** Wenn Sie großartig denken, werden Sie automatisch großartig.

Ihr Leben wird großartig. Und je mehr Sie diesen großartigen Gedanken verfolgen, desto großartiger wird Ihr Leben. Sie werden eine komplett neue Ausstrahlung bekommen und das Positive förmlich anziehen. Sie werden offener und lernen mehr Leute kennen, die den gleichen Weg gehen wie Sie. Sie werden sich gegenseitig inspirieren und motivieren. Es wird Ihnen wie eine Parallelwelt vorkommen, die Ihnen zuvor nie aufgefallen ist. Sie werden andere spirituelle Menschen kennenlernen und von der positiven Energie, die von Ihnen ausgeht, überwältigt sein.

Alles, was wir erreichen wollen, ist bereits in uns. Wir müssen uns nur darauf einlassen und uns endlich trauen zu träumen.

So gut wie Gold: Das Gesetz der Anziehung

Das Gesetz der Anziehung ist eines der wichtigsten Gesetze. Es wird auch Resonanzprinzip oder Resonanzgesetz genannt. Es wurde vielfach wissenschaftlich belegt und gilt als Universalgesetz. "Gleiches zieht Gleiches an" ist die Kernaussage dieses Gesetzes.

Wenn wir also positive Signale aussenden, kommen auch positive Signale zu uns zurück. Das Gleiche gilt allerdings auch für negative Signale. Signale sind dabei nicht nur unsere Handlungen, die wir tagtäglich ausführen, sondern auch Gedanken und Emotionen, die wir meistens unbewusst aussenden.

Hier liegt auch der Kern des Resonanzprinzips verborgen. Wir müssen uns unserer Gedanken, Gefühle und Handlungen bewusstwerden. Wir müssen, sofern wir es nicht bereits tun, alle negativen Dinge aus unserem Leben eliminieren und Platz für positive Lebensenergie in uns schaffen.

Das bedeutet, dass wir negativen Gedanken und Gefühlen keinen Raum bieten dürfen. Wir müssen positiv denken und fühlen, damit das Positive zu uns zurückkommt.

Das kennen Sie vielleicht aus Ihrem Alltag. Es ist wieder einmal so ein Tag, an dem alles misslingt. Sie verschlafen, verpassen die Bahn, haben Ärger mit den Arbeitskollegen und abends verbrennt auch noch das Essen - ein richtig ruinierter Tag. Aber auch Sie haben Glück in Ihrem Leben. Sie müssen es nur zulassen und wahrnehmen. Sie dürfen sich nicht von den äußeren Lebensumständen kontrollieren lassen. Im Gegenteil: Sie müssen anfangen Ihr Leben selbst zu bestimmen. Anstatt sich der Negativität hinzugeben, sollten Sie aktiv etwas an der Situation ändern.

Suchen Sie nach Lösungen, anstatt sich über den aktuellen Zustand den Kopf zu zerbrechen. Damit fokussieren Sie sich nämlich auf das Negative. Und wie das **Resonanzgesetz** schon besagt: Negatives zieht Negatives an. Wenn Sie sich also nur auf den negativen Ist-Zustand konzentrieren, können Sie das Positive nicht anziehen.

Versuchen Sie jedoch den negativen Ist-Zustand anzunehmen, aktiv daran etwas zu ändern und etwas Positives aus der Situation mitzunehmen, dann verwandeln Sie die Negativität in Positivität . Wir müssen uns stets über unsere Handlungen und Gedanken bewusstwerden und sie gleichzeitig kontrollieren.

Halten Sie also stets die Fäden in der Hand anstatt nur als Marionette zu funktionieren. Wenn Sie die Kontrolle über Ihr Leben haben. dann kann Sie auch nichts so schnell aus der Bahn werfen. Sie werden aus jeder Erfahrung nur das Positive herausziehen. Negative Dinge existieren in Ihrer Welt der Wahrnehmung gar nicht mehr. Denn wenn Sie nur das Positive sehen und bewusst leben, wird auch nur Positives zu Ihnen zurückkehren. Das Glück ist bereits tief in unserem Inneren verborgen. Wir müssen es nur frei lassen. Alles, was wir für ein glückliches Leben benötigen, ist bereits vorhanden.

Wenn Sie also das nächste Mal verschlafen oder die Bahn verpassen, nehmen Sie die Situation an. Denken Sie darüber nach, wie es dazu gekommen ist und was Sie in Zukunft tun können, um diese Situation zu vermeiden. Sie werden sich direkt besser fühlen und auch den weiteren Tag positiv gestalten können, sodass es zu keinen negativen Situationen mehr kommt. Denn wie schon gesagt: Mit jeder kritischen Situation können wir positiv umgehen. Es kommt nur auf unsere persönliche innere Haltung an.

Denn eines müssen wir bedenken: Negative Gedanken bringen uns keinen Schritt weiter. Sie ändern nichts an der bestehenden Situation und bringen uns auch nicht das erhoffte Glück. Sie liefern uns nur noch mehr negative Gedanken und wir werden langsam pessimistisch. Wir werden alles negativ betrachten und uns damit nur noch weiter in die Negativspirale manövrieren. Lassen Sie deshalb los!

Haben Sie die Kontrolle über Ihr Leben, Ihre Gedanken und Gefühle. Ein bewusstes und achtsames Leben führt automatisch zum eigenen Glück. Versuchen Sie also jede Situation positiv wahrzunehmen, fluten Sie Ihr Gehirn mit positiven Gedanken.

Sie werden diese Kraft in Ihrem Körper spüren. Ihr Geist wird wacher und Ihr Herz öffnet sich. Sie werden sich wie elektrisiert fühlen, wenn Sie merken, wie all die Energie zu Ihnen zurückkommt, die Sie zuvor ausgesendet haben.

Um diese positive Energie auszusenden und zu empfangen ist eine Sache ganz essentiell: Selbstliebe. Wir müssen wieder vermehrt lernen uns selbst zu lieben. Viele Menschen empfinden keine Liebe für sich selbst, machen sich selbst klein und denken, dass sie das Glück nicht verdienen.

Der Ursprung des Glücks liegt in der Liebe. Und Liebe fängt bei Selbstliebe an. Wie sollen andere Menschen uns lieben, wenn man sich nicht selbst liebt? Stellen Sie sich selber einmal die Frage: Lieben Sie sich? Sind Sie mit sich im Reinen und können Sie sich so annehmen wie Sie sind?

Egal, wie die Antwort ausfällt, ob Sie bereits Selbstliebe empfinden oder noch nicht. Jeder kann Selbstliebe erlernen. Wir sollten dankbar für das sein, was wir sind und was uns ausmacht. Jede Erfahrung und jedes Erlebnis hat uns geprägt – sei es nun positiv oder negativ. Wir müssen lernen, unsere Gefühle anzunehmen, vollkommen wertefrei. Es ist nicht schlimm, wenn wir uns einmal schlecht fühlen, ängstlich, wütend oder traurig sind. Doch wir dürfen an diesen schlechten Gefühlen und Gedanken nicht festhalten.

Wir müssen sie gehen lassen und das Positive in unser Herz lassen. Die Liebe für uns selbst. Und dabei sollten Sie sich auch nicht von anderen Menschen beeinflussen lassen. Lassen Sie sich nicht einreden, dass Sie wertlos sind. Es ist unwichtig, was andere über Sie denken. Tun Sie das, was Sie glücklich macht, auch wenn es noch so verrückt ist.

Es macht Sie glücklich auf der Straße zu tanzen? Tun Sie es! Sie malen gerne? Dann malen Sie! **Je mehr Dinge wir tun, die uns glücklich machen, desto mehr werden wir uns selbst lieben können.** Wir müssen das Kind in uns wiederfinden, dass in jede Pfütze auf der Straße springt und dabei eine unglaubliche Lebensfreude ausstrahlt. Denken Sie nicht über andere nach - denken Sie an sich!

Sie müssen zu sich selbst finden und eine tiefe Selbstliebe entwickeln. Je mehr Sie sich selbst lieben, desto positiver wird Ihr Leben verlaufen.

Selbstliebe ist das stärkste positive Signal, das wir an unsere Umwelt aussenden können. Und wenn wir etwas so kraftvoll Positives aussenden, können wir auch etwas zurückbekommen.

Doch was ist, wenn Sie in einem Umfeld leben, das sehr negativ geprägt ist und Sie nur herunterzieht? So hart es klingt, aber Sie sollten Abstand von Menschen nehmen, die Negativität ausstrahlen. Vielmehr sollten Sie sich mit Menschen umgeben, die Sie inspirieren und motivieren. Nur so können Sie mehr in Ihrem Leben erreichen.

Wenn Sie selbst beginnen, das Leben als schön und positiv anzusehen, werden Sie ganz automatisch Abstand von negativen Menschen nehmen. Sie werden merken, dass Ihnen diese nicht guttun und Sie sich dabei zunehmend unwohl fühlen. Haben **Sie kein schlechtes Gewissen, wenn Sie sich von negativen Personen trennen.** Jeder hat die Möglichkeit und das Recht, bewusste Entscheidungen zu treffen. Seien Sie stolz darauf, dass Sie mehr in Ihrem Leben erreichen möchten. **Niemand muss sich für sein Leben und seine Träume schämen.**

Positive Nebenwirkungen der Visualisierung

Visualisierungen haben sehr starke Nebenwirkungen auf Ihr Leben. Doch diese Nebenwirkungen sind nicht von negativer Natur, sondern ganz und gar positiv. Wenn Sie die positive Energie in Ihr Leben lassen, werden Sie in Ihrer Persönlichkeit eine starke Veränderung feststellen können.

Negative Gedanken und Ängste werden Sie endlich loslassen können und Glück wird in Ihr Leben treten. Glück, von dem Sie zuvor niemals zu träumen wagten. Die Visualisierungen werden Wirklichkeit und Sie werden in eine komplett neue Welt eintauchen.

Sind Sie bereit dazu? Sind Sie bereit, der Welt mit offenen Augen entgegenzutreten und sich von der positiven Energie vollkommen einnehmen zu lassen? Denn genau das wird passieren. Sie werden mit positiver Energie gefüllt, die Sie unglaublich motiviert und zum Strahlen bringt.

Kennen Sie Menschen in Ihrem Umfeld, die einfach immer gut gelaunt sind und die eine unglaubliche Ausstrahlung besitzen? Auch Sie werden wie diese Menschen. Sie werden nicht nur sich selbst motivieren, sondern auch andere dazu inspirieren, ihr Leben selbst in die Hand zu nehmen. Sie werden ein Vorbild für andere sein. Ist es nicht schön, andere Menschen positiv beeinflussen zu können? Etwas zu bewegen?

Wir Menschen brauchen Ziele im Leben, um glücklich zu sein. Sie werden Ihre Träume leben können und das ist das größte Glück, das man sich vorstellen kann. Denken Sie einmal darüber nach. Wenn Ihr Traum sich erfüllt - wie fühlen Sie sich bei diesem Gedanken? Durchdringt es Sie nicht komplett mit Glück? Fühlen Sie sich nicht sofort stark und unbesiegbar? Genau das ist eine Nebenwirkung der Visualisierung: die Kraft der Gedanken. Positive Gedanken können Sie sofort aus einem Tief herausholen und negative Gedanken vertreiben. Sie können selbst entscheiden, wie Sie sich fühlen möchten. Und das gibt Ihnen eine ungeheure Kraft. Wir müssen jedoch wieder lernen, wie wir die Kraft der Gedanken für uns nutzen können. Viele Menschen haben das vergessen.

Sie ergeben sich dem Schicksal und negativen Gefühlen anstatt die Gefühle selbst zu steuern. Doch mit Hilfe unserer Gedanken können wir selbst entscheiden, wie wir fühlen. Niemand muss sich schlecht fühlen, egal was er gerade durchmacht oder in der Vergangenheit erlebt hat. Sie haben mit Sicherheit Zweifel daran und fragen sich, ob es so leicht ist, einfach den Schalter umzulegen und plötzlich glücklich zu sein. Aber es ist nicht schwer.

Vielleicht haben Sie es bei sich selbst schon einmal erlebt. Sie waren niedergeschlagen und plötzlich passierte etwas, dass Ihre Stimmung um 180 Grad gedreht hat.

Beispiel: Wenn Sie ein wunderbares Date hatten und Ihr Schatz sich plötzlich nicht mehr meldet, dann versetzt Sie das in eine traurige Stimmung. Doch sobald das Telefon klingelt und Sie den Namen Ihres Schatzes lesen, erleben Sie einen kleinen Schockmoment, der Sie aus dieser Stimmung herausholt.

Das ist der Impuls, der den Schalter wieder umlegt. Diesen Impuls müssen Sie jetzt in sich selbst finden. In dieser Situation kam er von außen, doch wir können ihn auch in uns selbst auslösen. Und das müssen wir auch. Wir sollten uns nicht von unserer Außenwelt abhängig machen und anderen die Verantwortung für unser Glück übertragen. Wir müssen selbst Verantwortung übernehmen.

Wenn Sie die starke Kraft der Gedanken durch Visualisierungen nutzen, werden Sie das sehr schnell lernen. Sie werden verantwortungsbewusst und unabhängig. Wollen wir nicht alle unabhängig sein? Unsere Gedanken machen uns unabhängig von fremden Einflüssen. Selbstbestimmtheit wird stattdessen in Ihr Leben treten. Ein selbstbestimmtes Leben ist eines der höchsten Ziele, die man im Leben erreichen kann. Und Sie werden es erreichen.

Doch was geht mit einem selbstbestimmten Leben einher? Was zieht solch ein Leben nach sich? Zunächst einmal werden Sie sich von Ihren Ängsten befreien können. Ängste, die Sie lähmen, durch die Sie nicht mehr klar denken und handeln können. Durch Selbstbestimmtheit und positiver Energie werden diese Ängste schwinden. Sie werden Sie nicht mehr blockieren und in Ihren Erfahrungen einschränken.

Denn durch die Visualisierung wissen Sie längst, was passieren wird. Sie haben es sich bereits vorgestellt und selbst entschieden, wie die Situation ablaufen wird. Sie haben es somit selbst in der Hand und es gibt keinen Grund mehr, warum Sie vor der Situation Angst haben müssen. Das wird Ihnen eine unglaubliche Sicherheit geben.

Sie werden beängstigenden Situationen selbstsicher begegnen, immer mit dem Wissen, was Sie erreichen werden. Ihre inneren Blockaden, seien diese mental oder emotional, können Sie mit Hilfe der Visualisierung lösen. Sie werden sich im wahrsten Sinne des Wortes befreit und stark fühlen.

Doch was ist mit spontanen Situationen, die Sie zuvor nicht visualisieren und sich deshalb nicht darauf vorbereiten konnten? Auch diese werden Sie nicht mehr verängstigen. Schließlich sind Sie jetzt ein positiver Mensch, der sein Leben im Griff hat und weiß, wo er hinmöchte. Das wird Ihnen sehr viel Selbstsicherheit geben.

Stellen Sie sich das wie eine Art Kettenreaktion vor. Durch die Kraft der Gedanken werden Sie mit positiver Energie gefüllt und zu einem unabhängigen und selbstbewussten Menschen. An welcher Stelle also sollen Ängste entstehen? Ängste haben einfach keinen Platz mehr in Ihrem Leben. Schließlich sind Sie unglaublich motiviert, wollen Ihre Ziele erreichen und werden alles dafür tun, dass sie auch Realität werden. Sobald Sie anfangen, Visualisierungen in Ihr Leben zu integrieren, werden Sie das selbst erkennen.

Stichwort **„Motivation“.** Kennen Sie Menschen, die ihr Leben absolut im Griff haben? Egal, wieviel sie zu tun haben? Menschen, die so viel unternehmen, dass man sich dadurch selbst ganz benommen fühlt? Diese Menschen sind einfach nur stark motiviert. Sie verbringen nicht jeden Abend vor dem Fernseher, sondern nutzen die kostbare Zeit sinnvoll, um ihre Träume zu verwirklichen. Doch um so motiviert zu sein, braucht man ein Ziel vor Augen. Ich habe eine gute Nachricht für Sie: Auch Sie werden zu so einem Menschen. Auch Sie werden hochmotiviert sein und alles dafür tun, damit Sie Ihre Ziele erreichen.

Und das Beste daran ist: Es wird Ihnen sogar Spaß machen. Sicherlich haben Sie folgenden Satz schon einmal gehört: „Was Spaß macht fühlt sich nicht wie Arbeit an.“ Und genauso ist es auch. Es wird Ihnen nicht wie harte Arbeit vorkommen, wenn Sie an Ihren Zielen arbeiten. Die positive Energie wird in Ihnen fließen und je häufiger Sie Ihre Ziele erreichen, desto mehr wird sich dieser Effekt verstärken. Wenn Sie wissen, wo Sie hinmöchten, wird es Ihnen nicht schwerfallen, dafür zu arbeiten, denn Sie haben eine Vision, ein Ziel. Sie wissen, wofür Sie das alles tun.

Je mehr Sie Ihre Ziele visualisieren und das Gefühl haben, dass Ihre Träume in greifbarer Nähe sind, desto weniger sinnvoll wird es für Sie sein, den ganzen Abend auf dem Sofa zu sitzen, Chips zu essen und diverse TV-Programme zu konsumieren. Es ist nichts falsch daran, sich am Abend einen Film anzuschauen. Doch Sie sollten es bewusst tun. Es ist etwas vollkommen anderes, wenn Sie sich bewusst dafür entscheiden. Nutzen Sie also die Macht der Visualisierung und brechen Sie aus dieser Routine aus. Es gibt so viel in der Welt zu entdecken und zu erleben. Da wäre es doch schade, wenn Sie dieses Potenzial nicht nutzen würden.

Veränderung bedeutet, dass man auf seine Umwelt nicht mehr mit dem gewohnten Verhalten reagiert, sondern daraus ausbricht. Es entstehen starke neuronale Verknüpfungen, wenn Sie sich jedes Mal gleich verhalten und die gleichen Gefühle leben. Das führt zu Gewohnheiten und es ist häufig schwer auszubrechen. Doch mit der Konzentration auf Ihre Vision ist es möglich, eine Veränderung herbeizurufen und aus diesem Verhaltensmuster auszubrechen.

Wenn Sie die Macht der Visualisierung nutzen, sind Sie nicht nur motiviert, auch Ihre Kreativität wird dadurch gefördert. Sie werden neue Wege finden, wie Sie Ihre Ziele erreichen. Wege, an die Sie zuvor nie gedacht hätten. Durch die neue positive Energie werden Sie vielmehr Chancen und Möglichkeiten sehen.

Sie werden sich fragen, warum Sie nicht vorher daran gedacht haben. Zudem wird Ihre Konzentration und damit auch die Leistungsfähigkeit gesteigert. Die richtige Ausführung bei der Visualisierung bedarf einen klaren Fokus und eine hohe Konzentration, die Sie damit trainieren.

Die daraus resultierende Energie und Motivation wird Sie anschließend zu Höchstleistungen bringen. Denn es wird Ihnen nicht mehr schwerfallen, für Ihre Träume zu arbeiten. Welche höhere Motivation kann es schließlich geben, als seine Träume zu erreichen? Dafür werden Sie alle Hebel in Bewegung setzen, die möglich und nötig sind.

Wie Sie sehen, haben Visualisierungen und damit auch die Kraft der Gedanken einen starken positiven Effekt auf unser Leben. Die Nebenwirkungen sind allesamt erstrebenswert. Dafür müssen Sie nicht einmal viel tun. Sie müssen sich einzig und allein Ihr gewünschtes Leben erträumen. Ich kann Ihnen daher nur empfehlen, **Ihr Leben endlich selbst in die Hand zu nehmen und von den positiven Auswirkungen zu profitieren.**

Träumen Sie noch oder leben Sie schon?

Wir wissen bereits, dass es wichtig ist zu träumen. Doch viele Menschen träumen nur oberflächlich. Sie denken sich: „Wäre ich doch nur …“ oder „Hätte ich doch nur …“.

Sie träumen also nicht wirklich, sondern haben eigentlich nur den Wunsch nach Veränderung, nach einem besseren Leben, nach mehr Glück und Liebe. Das ist zumindest eine gute Basis, um wirklich etwas im Leben zu verändern. Denn wenn es nicht einmal den Wunsch gibt, etwas zu erneuern, wird sich nichts ändern. Doch wir wollen unser Ziel erreichen. Dafür müssen wir aktiv etwas tun und dürfen uns nicht nur wünschen, dass sich etwas ändert. Wenn wir unsere Gewohnheiten nicht ablegen, wird sich in unserem Leben nichts verwandeln.

Veränderung entsteht nicht durch Stillstand. Der Fluss des Lebens wird uns nicht mitnehmen, wenn wir am Ufer stehen und nur zuschauen, wie er an uns vorbeizieht. Wir müssen hineinspringen. Mit Anlauf und voller Energie. Wünschen Sie sich also nicht nur die Veränderung, sondern tun Sie etwas!

Und der Anfang liegt in der aktiven Visualisierung Ihrer Ziele. Wenn Sie beginnen zu visualisieren, arbeiten Sie bereits aktiv an Ihren Träumen. Sie wünschen sich nicht mehr nur die Veränderung, sondern tun bereits etwas dafür. Und das bedeutet, dass Sie Ihren Traum bereits leben. Sie leben ihn in Ihren Visualisierungen und Gedanken. Nur so kann er Wirklichkeit werden. Wenn Sie visualisieren, entschließen Sie sich dazu, im Fluss des Lebens zu reisen. Dadurch werden Sie zu einem Macher. Sie nehmen Ihr Leben und die Veränderung selbst in die Hand. Sie reden nicht nur, sondern Sie machen es.

Denn ganz ehrlich: Wie wahrscheinlich ist es, dass Sie jemals Ihr Traumhaus am Strand bekommen, wenn Sie jeden Abend vor dem Fernseher sitzen? Es ist eher unwahrscheinlich.

Wenn Sie Ihren Träumen nur oberflächlich nachhängen, werden Sie diese nicht erreichen. Ganz einfach, weil Sie Ihren Traum nicht spüren.

Ohne Emotionen wird Ihnen die Welt der Träume verschlossen bleiben, weil Sie den Schlüssel dafür noch nicht gefunden haben.

Aber: Der Schlüssel zu Ihren Träumen liegt in Ihnen selbst. Sie dürfen nicht wild umher rennen und ihn verzweifelt woanders suchen. Er ist in Ihnen verborgen und Sie werden ihn auch nur dort finden. Durch die Visualisierung lernen Sie Ihre Träume zu spüren. Sie werden die Kraft spüren, die Sie antreibt. Wenn Sie diese erleben und merken, wie es sich anfühlt, Ihren Traum zu leben, werden Sie nicht mehr in Ihr altes Leben zurückkehren wollen. Dann wollen Sie für Ihre Ziele und deren Erreichung arbeiten. Darum ist die Visualisierung so wirkungsvoll. Weil Sie etwas in Ihnen verändert. Veränderungen aber müssen aus Ihnen selbst kommen. Nicht von außen.

Haben Sie schon einmal versucht Ihren Partner zu ändern? Wenn ja, werden Sie vielleicht bemerkt haben, dass das nicht sonderlich gut funktioniert, weil die Veränderung nicht von Ihrem Partner selbst ausging, sondern ihm von Ihnen auferlegt wurde. Wenn Sie sich selbst nicht verändern möchten, wird es keine Veränderung geben.

Sie haben den Schlüssel zum Glück selbst in der Hand und das bedeutet, dass Sie die Verantwortung für Ihr Leben übernehmen müssen. Nicht die anderen sind schuld, wenn etwas schiefläuft, sondern Sie selbst. Das ist die harte Realität. Doch diese Realität bietet eine große Chance.

Denken Sie einmal darüber nach: Sie sind verantwortlich für Ihr Leben. Lassen Sie es wirken. Eigentlich ist das doch etwas sehr Schönes. Wenn wir selbst für unser Leben verantwortlich sind, kann uns auch niemand anderes schaden. Wir können uns höchstens selbst beeinträchtigen. Alles, was wir ändern möchten und was uns stört, können wir ganz allein verändern.

Sie brauchen dafür nur sich selbst und sind nicht auf andere angewiesen. Sie sind frei in Ihren Handlungen, Gedanken und Gefühlen. Sie können alles erreichen, was Sie sich wünschen. Diese Macht sollten

Sie für sich erkennen und dann auch nutzen.Fangen Sie also an zu träumen und leben Sie Ihren Traum. Lassen Sie sich dabei nicht beirren, sondern glauben Sie an die wirkungsvolle Macht in Ihnen. Leben Sie nicht in der Vergangenheit.

Sie können in der Gegenwart nichts verändern, wenn Sie sich an Vergangenes klammern und nicht loslassen. Unser jetziges Leben sollte nicht von unsere Vergangenheit bestimmt sein. Denn an dieser werden Sie nichts mehr ändern können. Allerdings können Sie Ihre Zukunft verändern und steuern. Lassen Sie die Energie frei und lassen Sie sich vom Fluss des Lebens mitreißen. Das Leben hat viel zu bieten und es gibt so viele Möglichkeiten, wie Sie Ihr Leben gestalten können. **Hören Sie also auf Ihr Herz und werden Sie zu einer entwickelten Persönlichkeit.**

Die Kraft der Gedanken ist stark. Achten Sie darauf, dass Sie diese Kraft zu Ihren Gunsten nutzen und keine falschen Signale aussenden. Sie dürfen keine negativen Gedanken aussenden. Was meine ich damit?

Hier ist ein Beispiel: Nehmen wir an, Ihr Ziel ist es, reich zu werden. Der falsche Weg wäre zu denken: „Ich möchte nicht mehr so wenig Geld haben“. Damit senden Sie negative Signale. Ihr Ziel ist zwar, dass Sie nicht mehr so wenig Geld haben möchten, aber Sie schicken keine positiven Gedanken in die Welt. Ihre Grundhaltung ist weiter negativ und pessimistisch.

Auch diese Affirmation wäre der falsche Ansatz: „Ich möchte mehr Geld haben“. Damit sind Sie zwar nicht mehr ganz so pessimistisch, aber auch hier schöpfen Sie nicht aus der vollen Macht der Gedanken. Sie müssen sich reich fühlen. Sie müssen sich selbst in die Lage versetzen, dass Sie bereits reich sind. Nur so kann die Macht der Gedanken wirken.

Nochmal: Sie müssen Ihre Träume leben, damit Sie wahr werden. Die Bilder in Ihrem Kopf müssen lebendig und emotionsgeladen sein, damit sie sich in Ihrem Unterbewusstsein festsetzen können. Denn das Unterbewusstsein ist elementar, wenn es um die Erreichung Ihrer Ziele geht. Sie haben einen starken Effekt auf unsere Lebensgestaltung. Nur, wenn wir in unserem Unterbewusstsein etwas bewirken, können wir uns wirklich verändern und unsere Ziele erreichen. Unser Unterbewusstsein steuert zum größten Teil unser Leben. Das bedeutet: Wenn wir dieses nicht positiv prägen, wird unser Leben auch nicht positiv verlaufen. Alles hängt miteinander zusammen und beeinflusst sich gegenseitig. Der Ursprung liegt jedoch in uns selbst und in unserer Einstellung. Daher sollte unsere Grundeinstellung stets positiv sein. Streben Sie nach dem Glück und es wird zu Ihnen kommen. Lieben Sie Ihr Leben und lieben Sie sich selbst. Lieben Sie Ihre Träume.

Visualisieren Sie Ihre Träume. Noch wichtiger: Leben Sie Ihre Träume.

Zusammenfassung

Die Macht der Gedanken ist stark. Nutzen Sie diese für und nicht gegen sich. Sie müssen immer daran denken, dass das, was sich in Ihren Gedanken abspielt, auch Wirklichkeit wird. Konzentrieren Sie Ihre Gedanken daher auf die positiven Dinge, dadurch blenden Sie automatisch das Negative aus. Sie werden das Glück förmlich anziehen. Haben Sie einen starken Glauben an sich selbst und profitieren Sie von den positiven Nebenwirkungen der Visualisierung, die zu einem selbstbestimmten und unabhängigen Leben führen. Finden Sie das Glück in Ihnen und lassen Sie es frei, damit es sich entfalten kann.

Erfolg auf privater Ebene

Dieses Kapitel widmet sich Ihrem privaten Erfolg. Es soll Ihnen zeigen, wie Sie die Visualisierung in Ihren Alltag integrieren können, um somit die volle Macht daraus zu schöpfen. Dazu werde ich Ihnen verschiedene Methoden aufzeigen, die Sie entweder einzeln oder miteinander kombiniert nutzen können.

5 einfache Strategien, die garantiert wirken

Ich möchte Ihnen 5 einfache Methoden vorstellen, wie Sie Ihre Visualisierung aktiv gestalten können, damit Ihre Lebensträume in Erfüllung gehen. Sie sind perfekt, um sie in den Alltag zu integrieren. Dabei müssen einige Schritte regelmäßig praktiziert werden, während andere Schritte nur von Zeit zu Zeit notwendig sind.

Bevor Sie aktiv mit der Visualisierung Ihrer Träume, Wünsche und Ziele loslegen, ist es natürlich wichtig zu wissen, welche Ziele Sie im Leben glücklich machen. Nur so kann die Visualisierung wirken. Sie müssen hinter Ihren Träumen stehen und sie förmlich spüren können. Dadurch sind Sie auch motiviert, aktiv Ihr Leben ins Positive zu verändern. Doch wie finden Sie heraus, welche Wünsche das sind und was Sie tief im Herzen glücklich macht?

Strategie #1:

Der erste Schritt beschäftigt sich genau mit dieser Frage. Was sind Ihre Wünsche? Welche Ziele möchten Sie visualisieren? Was bereitet Ihnen Glück und Freude? Dazu sollten Sie sich zu einer entspannten Tageszeit an einen ruhigen Ort setzen. Sie sollten komplett allein und möglichst ohne Ablenkung sein. Nehmen Sie sich etwas zum Schreiben mit, um alles festzuhalten, was Ihnen in den Sinn kommt.

Und nun überlegen Sie. Fragen Sie sich selbst, was Sie sich wünschen. In der ersten Phase können Sie einfach spontan alles aufschreiben, was Ihnen gerade einfällt. Es ist egal, wie verrückt die Ideen sind.

Seien Sie dabei ruhig mutig! Denken Sie nicht, dass Ihr Ziel vielleicht zu hochgegriffen oder zu weit vom Möglichen entfernt liegt. Das ist gar nicht möglich. Alles, was Sie sich wünschen, können Sie auch erreichen, weil die Kraft dafür schon in Ihnen verborgen ist. Also trauen Sie sich.

Diese Fragen können Ihnen dabei helfen, wenn Sie Probleme haben, Ihre Wünsche zu formulieren:

- Wie möchten Sie sich fühlen?
- Wann fühlen Sie sich glücklich?
- Wie sieht Ihr perfektes Leben aus?
- Was ist Ihr Traumberuf?
- Was wollten Sie schon immer einmal erleben?
- Wie sähe die perfekte Beziehung aus?
- Welche Wünsche wagen Sie niemals auszusprechen?
- Wo wollen Sie leben?
- Wie möchten Sie sich persönlich weiterentwickeln?
- Was müsste sich in Ihrem Leben ändern?
- Was fehlt Ihnen in Ihrem bisherigen Leben?

Schreiben Sie alle Ihre Ziele nieder. Und denken Sie groß. Sie haben es verdient, dass Ihre Träume in Erfüllung gehen. Denn so geben wir unserem Leben eine Bedeutung. Wenn wir uns die Träume erfüllen, werden wir automatisch glücklich. Unser Leben wird sinnvoll und wir werden nicht irgendwann aufwachen und denken, dass wir etwas im Leben verpasst haben, denn wir arbeiten aktiv an unseren Träumen.

Strategie #2:

Diesen Schritt haben wir zum Teil schon begonnen. Er beginnt mit dem Festhalten unserer Ziele. Hier haben Sie nun die Wahl zwischen verschiedenen Methoden, wie Sie Ihre Wünsche verankern. Sie könnten sich zum Beispiel ein Visualisierungsbuch zulegen, indem Sie Ihre Wünsche niederschreiben.

Dazu müssen Sie Ihre ersten Ideen aus Schritt #1 zu Affirmationen formulieren. Doch wie formuliert man eine richtige Affirmation? Wichtig dabei ist, dass sie so formuliert ist, als wäre sie bereits Wirklichkeit. Sie sind also in der Gegenwartsform geschrieben und täuschen so dem Gehirn vor, dass man schon in der geträumten Realität lebt.

Wie bereits erwähnt, unterscheidet das Gehirn nicht zwischen Träumen und Realität. So kann die Affirmation tief im Unterbewusstsein wirken und uns so unseren Träumen näherbringen. Eine gute Affirmation präsentiert also die Gegenwart und nicht die Zukunft.

Je kürzer die Affirmation, desto besser kann sie wirken. Versuchen Sie also nicht, lange schwierige Sätze zu formulieren, um möglichst viel Inhalt hineinzulegen. Die Affirmation sollte kurz und konkret sein. Das hat auch den Vorteil, dass Sie sich diese viel leichter merken und jederzeit in Ihrem Gehirn abrufen können.

Was genau bedeutet das? Nehmen wir einmal an, Sie wünschen sich, der beste Schlagzeuger auf der Welt zu werden. Dann müssen Sie Ihrem Gehirn mit Ihrer Affirmation einfach vortäuschen, dass Sie bereits der beste Schlagzeuger sind. Ihre Affirmation lautet also konkret: „Ich bin der beste Schlagzeuger auf der Welt“. Kein hätte, würde, wollen etc. - Sie sind es!

Oder Sie träumen vielleicht schon lange von einer Weltreise, die Sie nie antreten konnten, weil immer irgendetwas dazwischenkam. Machen Sie diesen Wunsch konkret, damit er sich in Ihnen festigt und Ihre Visualisierung unterstützen kann: „Ich mache eine Weltreise“.

Verwandeln Sie Ihr jetziges Leben mit Ihrer Affirmation also bereits in ein Leben, das Sie sich wünschen.

Schreiben Sie die Affirmationen in Ihr Buch. So haben Sie es immer griffbereit und können täglich darin blättern, um Ihre eigentliche Visualisierung später zu unterstützen.

Eine weitere Methode zum Festhalten Ihrer Ziele ist das Vision Board. Das Vision Board ist eine Tafel, an der Sie Ihre Träume visuell in Form von Bildern oder Zeichnungen festhalten. Diese Form ist besonders effektiv, da Sie die Bilder, die Sie aktiv visualisieren, zusätzlich in der realen Welt vor Ihren Augen haben.

Dazu sollten Sie das **Vision Board** gut in Ihrer Wohnung platzieren. Selbst, wenn Sie es nicht aktiv betrachten, wird es Ihr Gehirn wahrnehmen. Wie ein Vision Board genau aussieht und wie Sie es erstellen können, erkläre ich Ihnen im weiteren Verlauf des Buches.

Eine ähnliche Methode wie das Vision Board ist das **Mind Movie**. Das Mind Movie ist ein bewegtes Vision Board, ein Kurzfilm über Ihr eigenes perfektes Leben. Auch diese Methode möchte ich Ihnen noch einmal detaillierter vorstellen. Deshalb finden Sie darüber ein extra Kapitel im Buch.

Es ist wichtig, dass Ihre Affirmationen immer präsent sind, egal ob in Ihrem Kopf, als Visualisierungsbuch, Vision Board oder Mind Movie. Hauptsache, Sie haben diese stets vor Augen, damit Ihre Wünsche Realität werden.

Strategie #3:

Dieser Schritt widmet sich der aktiven Visualisierung. Wenn Sie sich ein Mind Movie erstellt haben, so ist dieser Schritt nicht unbedingt essentiell, da das Mind Movie an sich schon die Bilder in Ihrem Kopf festigt. Gerne können Sie aber die aktive Visualisierung noch unterstützend praktizieren. Alles, was Sie tun, wird Sie näher an Ihr Ziel bringen.

Für die Visualisierung sollten Sie sich wieder einen ruhigen Platz suchen, an dem Sie ungestört sind. Entspannen Sie sich, um die Visualisierung vollkommen zu spüren. Dazu können Sie sich zu Beginn auf Ihre Atmung konzentrieren. Atmen Sie ruhig und bewusst ein und aus. Die Ausatmung sollte etwas länger sein als die Einatmung, denn durch die Ausatmung können Sie loslassen. Achten Sie darauf, dass Sie in den Bauch atmen, deshalb sollte er sich etwas bewegen. Viele Menschen haben die Bauchatmung verlernt, weil sie nur sehr flach atmen. Sie hilft Ihnen aber dabei, besser zu entspannen und mehr Sauerstoff in Ihren Körper zu transportieren.

Die Visualisierung ist eine Form der Meditation, die Ihr Unterbewusstsein erreichen soll. Stellen Sie sich nun Ihr konkretes Ziel vor. Zu Beginn ist es besser, sich pro Sitzung lieber nur auf ein Ziel zu konzentrieren, um die Praxis der Visualisierung zu üben und zu verinnerlichen. Oft ist es gar nicht so einfach, sich auf eine Visualisierung komplett einzulassen und nicht zu anderen Gedanken überzugehen. Dies bedarf einiger Übung. Doch mit der Zeit werden Sie das lernen und dann wird es auch leichter werden, sich in der Visualisierung fallen zu lassen.

Während der Visualisierung sollten Sie sich Ihr Ziel so lebendig und farbenfroh wie möglich vorstellen. Gehen Sie dabei bis ins kleinste Detail.

Besonders wichtig ist, dass Sie die Visualisierung leben und spüren. **Nutzen Sie dabei all Ihre Sinne:** Sehen, Hören, Fühlen, Riechen und Schmecken. Binden Sie alles in Ihrer Visualisierung mit ein, auch wenn es teilweise schwierig erscheint. Dadurch schaffen Sie sich eine wirkliche Realität. Sie müssen eine emotionale Beziehung zu Ihrer Vision entwickeln. Nur so kann sie in Ihrem Unterbewusstsein verankert werden und ihre volle Kraft entfalten.

Hier sind ein paar Fragen, um Ihre Visualisierung zu aktivieren:

- Wo sind Sie?
- Was sehen Sie?
- Was tun Sie?
- Was hören Sie?
- Wie fühlen sich bestimmte Dinge an?
- Wie riecht es dort?
- Was schmecken Sie?
- Welche Gefühle haben Sie?

Diese einfachen Fragen sollen Ihnen dabei helfen, Ihre Vision aktiv zu gestalten. Je lebendiger und intensiver die Visualisierung ist, desto tiefer geht sie in Ihr Unterbewusstsein! Ihr Gehirn wird so neuronale Verknüpfungen herstellen, da es nicht zwischen der Vision und der Realität unterscheiden kann. Für Ihren Verstand ist es so, als würden Sie Ihre Träume bereits leben. Wir tricksen ihn in gewisser Weise aus - zu unserem Vorteil.

Strategie #4:

Dieser Schritt soll Ihnen helfen, eine intensivere und emotionalere Verbindung zu Ihrer Visualisierung aufzubauen. Er ist optional, kann Sie aber in die richtige Stimmung versetzen und unterstützend wirken. Es handelt sich hierbei um Musik, die Sie leise im Hintergrund laufen lassen können.

Dabei spielt es keine Rolle, ob es Ihr Lieblingslied oder Meditationsmusik ist. Hauptsache, die Musik erweckt positive Gefühle in Ihnen. Der Vorteil von Ihrem Lieblingslied liegt allerdings darin, dass, sobald Sie es hören, Sie sofort an Ihre Vision denken und diese wieder spüren. Das festigt Ihre Bilder im Kopf.

Doch egal, für welche Musik Sie sich entscheiden - die Hauptsache ist, dass Sie Ihnen dabei hilft, Ihre Visualisierung lebendig werden zu lassen. Wenn Sie durch die Musik jedoch abgelenkt werden, sollten Sie lieber darauf verzichten und Ihre Ziele in einem ruhigen Zustand visualisieren. Probieren Sie einfach aus, womit Sie sich wohler fühlen.

Strategie #5:

Bei diesem Schritt geht es um die Regelmäßigkeit, mit der Sie Ihre Visualisierungen praktizieren. Je häufiger Sie dies tun, desto besser ist es. Ich empfehle Ihnen, einmal am Tag zu einer festen Tageszeit zu visualisieren. **Planen Sie Ihre Visualisierung** wie einen wichtigen Termin in Ihrem Terminkalender ein. Glauben Sie mir: Dieser Termin wird Ihr Lieblingstermin des ganzen Tages werden. Ob Sie lieber morgens, nachmittags oder abends visualisieren, ist komplett Ihnen überlassen.

Sie sollten jedoch dabei vollkommen entspannt sein. Daher praktizieren die meisten Menschen die Visualisierung eher morgens direkt nach dem Aufstehen oder abends kurz vor dem Schlafengehen. Hier befindet sich der Körper noch in einer Art Zwischenphase, in der die inneren emotionalen Blockaden schwächer sind. Das kennen Sie bestimmt von sich selbst.

Am Morgen, kurz nach dem Aufwachen, ist man noch motiviert und möchte voller Elan in den Tag starten. Doch je länger man wach ist, desto mehr kommt etwas dazwischen und plötzlich sind wir gar nicht mehr so motiviert wie noch zuvor. Genauso ist es am Abend, bevor man schlafen geht. Wenn der Körper und der Geist müde sind, können wir uns leichter fallen lassen.

Somit sind beide Phasen für die Visualisierung perfekt geeignet. Probieren Sie einfach aus, welcher Zeitpunkt für Sie richtig ist.

Fangen Sie am besten heute noch mit der Konkretisierung Ihrer Wünsche an! Damit sich Ihre Träume erfüllen, müssen Sie aktiv etwas dafür tun. Dieses Buch zu lesen ist der erste Schritt in die richtige Richtung. Doch das ist erst der Anfang. Die eigentliche Arbeit beginnt, wenn Sie Ihre Ziele konkret angehen.

Die Geheimnisse eines erfolgreichen Visionärs

Jeder erfolgreiche Visionär hat seine eigenen Methoden, wie er in kurzer Zeit zu seinen gewünschten Zielen kommt. Doch es gibt ein paar Dinge, die alle Visionäre gemeinsam haben. In diese Geheimnisse möchte ich Sie gerne einweihen, damit auch Sie sich Ihre Träume erfüllen können.

Das wohl größte Geheimnis liegt in der Regelmäßigkeit, mit denen erfolgreiche Menschen ihre Visualisierung betreiben. Bei jedem Visionär ist die Visualisierung ein festes Ritual, das seinen festen Platz in den Terminkalendern hat. Daher sollten auch Sie dieses Ritual in Ihren Tagesablauf integrieren.

Die Regelmäßigkeit ist sehr wichtig, wenn es um die Erfüllung der eigenen Ziele geht. Nur so können Sie Ihr Gehirn überlisten. Je öfter dieses mit der gewünschten Realität konfrontiert wird, desto mehr wird es denken, dass Sie bereits in dieser Realität leben.

Dies wird direkt in Ihr Unterbewusstsein weitergeleitet. Dadurch werden Sie sich automatisch so verhalten, dass Sie Ihren Zielen näher kommen. Kombiniert mit der positiven Kraft der Gedanken, die Sie aussenden, besteht gar keine andere Möglichkeit, als dass sich Ihre Träume erfüllen. Bauen Sie die Visualisierung also täglich in Ihren Alltag ein. Sehen Sie es als Date mit Ihren Träumen.

Ein weiteres Geheimnis von erfolgreichen Visionären ist ein starker Glaube. Sie nutzen die Kraft der Gedanken, konzentrieren sich ausschließlich auf das Positive und haben keine Angst vor Veränderungen.

Das Problem bei vielen Menschen, die kaum Erfolg in ihrem Leben haben, liegt in ihrem mangelnden Glauben an das Positive in der Veränderung. Sie wollen zwar etwas an ihrem Leben ändern, doch glauben nicht wirklich an den Erfolg. Stattdessen belegen sie sich selber mit negativen Glaubenssätzen.

Sie senden Zweifel in die Welt hinaus, was zwangsläufig dazu führt, dass sie ihre Ziele nie erreichen. Denn: Gleiches zieht Gleiches an. Senden wir negative Energie aus, kommt auch negative Energie zu uns zurück. Oft glauben diese Menschen auch, dass sie den Erfolg nicht wirklich verdienen und blockieren sich damit selbst.

Oder sie haben negative Assoziationen mit Erfolg und setzen ihn mit Gier, Skrupellosigkeit oder Bosheit gleich. Vielleicht wünschen sie sich trotz dieser Assoziation den Erfolg in ihrem Leben, doch werden sie ihn nicht erreichen, weil ihr Unterbewusstsein immer an dieser negativen Verbindung festhält.

Erst wenn wir uns von diesen negativen Vorurteilen befreien, kann sich der Erfolg einstellen. Erfolgreiche Menschen konzentrieren sich auf das Positive und haben einen starken Glauben an sich selbst und an die Kraft ihrer Gedanken. Zudem konzentrieren sie sich auf positive Glaubenssätze und senden damit die richtige Botschaft aus. Sie glauben an ihre Träume, als wären sie schon jetzt Wirklichkeit. Das bedeutet, sie verknüpfen ihre jetzige Situation nicht mit ihren Zielen, sondern konzentrieren sich ganz allein auf ihr Traumleben. Viele Menschen sind unzufrieden und wünschen sich eine Verbesserung. Daran ist im Grunde auch überhaupt nichts verkehrt. Doch sie dürfen ihre Lage nicht auf ihre Zukunft projizieren.

Ein negatives Beispiel wäre: „Ich bin unzufrieden, weil ich nicht genug Geld habe. Deshalb wünsche ich mir mehr Geld, um ein schöneres Leben führen zu können“. Damit wird zwar der Wunsch nach mehr Geld geäußert, gleichzeitig ist dieser aber negativ behaftet.

Erfolgreiche Visionäre stattdessen wissen, dass sie sich allein auf das Positive konzentrieren müssen. Das bedeutet, dass sie sich bereits reich fühlen, obwohl sie noch gar nicht reich sind. In ihren Visualisierungen stellen sie sich vor, wie sie dieses Geld besitzen und was sie damit machen werden.

Dadurch wird ihr Unterbewusstsein geprägt. Sie nutzen die Kraft ihrer Gedanken und senden eine positive Energie in die Welt hinaus. So ziehen sie den Erfolg magisch an. Der Glaube an den eigenen Erfolg ist daher unerlässlich, wenn es um die Erreichung der eigenen Ziele geht.

Zudem wissen erfolgreiche Visionäre, dass sie ihre Visionen so lebendig wie möglich gestalten müssen. Ein weiteres Geheimnis ist bekanntermaßen die richtige Technik der Visualisierung. Nur, wenn die Visualisierung detailreich und lebendig gestaltet und diese mit einer starken Emotion verknüpft wird, kann sie auch zum Erfolg führen.

Besonders Spitzensportler nutzen die Macht der Visualisierung. Der berühmte Basketball-Spieler Michael Jordan zum Beispiel hat sich jedes Mal vorgestellt, wie er den letzten Korb im Spiel wirft. Dadurch können Sie, wie man weiß, die Leistungsfähigkeit und Konzentration steigern. Sie konzentrieren sich auf das Ziel und sind entschlossen, es auch zu erreichen.

Das wiederum steigert Ihre Motivation, da Sie wissen, wo Sie hinwollen. Gleichzeitig können Sie durch die Visualisierung die Technik verbessern. Es steigert somit nicht nur die Leistungsfähigkeit, sondern auch die Art, wie Sie den Sport ausüben. Viele Sportler stellen sich die Bewegungsabläufe gedanklich in Zeitlupe vor. Dadurch können sie ihre Technik optimieren. Durch die Visualisierung der Bewegungsabläufe werden neuronale Verknüpfungen hergestellt, die dazu führen, dass sie auch in der Realität diese optimierte Technik anwenden können. Es ist also eine Art mentales Techniktraining.

Letztendlich sollten Sie andere Menschen in Ihre Visionen einweihen. Reden Sie über Ihre Träume und Ziele. Erzählen Sie es so vielen Personen wie nur möglich. Oft ist es uns unangenehm, wenn wir über unsere Träume reden, weil wir uns damit in einer gewissen Art und

Weise verletzlich und angreifbar machen. Schließlich erwartet man von Ihnen, dass sich Ihre Träume auch erfüllen. Zudem kann es passieren, dass sich jemand negativ dazu äußert. Dennoch sollten Sie es tun. Wenn Ihr Gegenüber negativ über Ihre Ziele spricht sollten Sie ohnehin einmal darüber nachdenken, ob die Beziehung zu diesem Menschen wirklich sinnvoll ist.

Sie sollten ein Umfeld haben, das Sie nicht bremst, sondern motiviert. Oft äußern sich Menschen negativ über die Träume anderer, weil sie selbst keine Träume haben und mit ihrem eigenen Leben unzufrieden sind. Hier gibt es zwei Möglichkeiten: Entweder Sie können diese Menschen dazu inspirieren, sich selbst eigenen Zielen zu widmen und an diesen zu arbeiten. Oder Sie nehmen Abstand und wenden sich Menschen zu, die Sie voll und ganz unterstützen.

Wie wir bereits herausgefunden haben, brauchen Sie einen starken Glauben, um Ihre Ziele zu erreichen. Wenn Sie aber mit der Ungläubigkeit und der Negativität anderer konfrontiert werden, kann Sie das unterbewusst zweifeln lassen. Und wie wir ebenfalls wissen, hat unser Unterbewusstsein einen starken Einfluss auf uns.

Umgeben wir uns jedoch mit Menschen, die motivierend auf uns wirken, wird dies auch einen Effekt auf unsere Zielerreichung haben. Mit anderen Menschen über Ihre Träume zu reden, wird die positive Energie in Ihnen verstärken. Zudem haben Sie so Ihre Ziele zusätzlich zu den Visualisierungen vor Augen und können sie mit Leben füllen.

Doch es gibt noch einen weiteren positiven Aspekt, den Sie nicht unbeachtet lassen sollten: Andere Menschen können Ihnen bei der Zielerreichung helfen! Daher sollten Sie auch fremden Personen, die Ihnen begegnen, davon erzählen. Haben Sie keine Scheu davor sich zu öffnen, sondern lassen Sie die positive Energie, die in Ihnen steckt, heraus.

Je positiver und lebendiger Sie von Ihren Träumen reden, desto mehr Menschen werden gewillt sein, Ihnen zu helfen, damit Ihre

Träume Wirklichkeit werden. Und je mehr Menschen von Ihren Zielen wissen, desto größer ist die Wahrscheinlichkeit, dass Menschen dabei sind, die Sie Ihrem Ziel näherbringen. Nehmen wir an, Sie wünschen sich sehnlichst, eine Safari durch Afrika zu machen. Vielleicht treffen Sie jemanden, der einen Ranger in Afrika kennt, der solche Touren anbietet. Und ein anderer hat vielleicht einen Freund, der in Afrika lebt, bei dem Sie während dieser Zeit unterkommen können. Doch das werden Sie nie erfahren, wenn Sie andere nicht daran teilhaben lassen.

Auch, wenn Sie Probleme haben, Ihre Ziele in die Tat umzusetzen, können Ihnen andere Menschen behilflich sein. Vielleicht wissen Sie nicht, wie Sie Ihr Ziel angehen sollen oder was Sie tun müssen, um dieses Ziel zu erreichen.

Suchen Sie sich Menschen, die schon einmal den gleichen oder einen ähnlichen Weg gegangen sind. Versuchen Sie nicht, monatelang oder gar jahrelang eine Möglichkeit zu finden, wie Sie sich Ihren Traum erfüllen können. Wenn Sie von alleine nicht weiterkommen, ziehen Sie andere Personen zu Rate. Diese werden Ihnen mit Freude helfen und Ihnen den Weg zeigen, den Sie gehen müssen.

Wenn Sie diese Geheimnisse verinnerlichen und für sich anwenden, werden Sie bald ein erfolgreiches Leben führen. Setzen Sie sich intensiv mit Ihren Zielen auseinander und wenden Sie die verschiedenen Methoden an, damit Ihnen der Weg leichter fällt. Nutzen Sie die Macht Ihrer Gedanken, Ihren starken Glauben und die positive Energie anderer Menschen und Ihr Leben wird von Erfolg gekrönt sein.

Mit dieser Methode haben Sie Ihre Vision immer vor Augen

Damit Ihr Gehirn möglichst häufig mit Ihren Zielen konfrontiert wird und die Visualisierung sich so besser in Ihrem Unterbewusstsein verankern kann, sollten Sie unbedingt einmal folgende Methode ausprobieren: das Vision Board. Ein Vision Board ist perfekt für Ihre Visualisierungen geeignet, da Sie es jeden Tag betrachten - bewusst oder unbewusst.

Sie sollten es daher an einem sichtbaren Ort in Ihrer Wohnung platzieren. So können Sie es nach Belieben oft betrachten. Zudem nimmt Ihr Gehirn das Vision Board auch wahr, wenn Sie es nicht wirklich ansehen, sondern einfach nur daran vorbeigehen.

Ein Vision Board zu erstellen ist kinderleicht. Dazu müssen Sie sich natürlich zuerst wieder mit Ihren Zielen und Träumen auseinandersetzen. Überlegen Sie, was Sie in Ihrem Leben erreichen und wo Sie in ein paar Wochen, Monaten oder Jahren stehen wollen. Am besten ist es, wenn Sie alle Lebensbereiche abdecken.

Setzen Sie sich deshalb berufliche und private Ziele. Notieren Sie sich Ihren Traumjob, Dinge, die Sie erleben und lernen wollen, Orte, an denen Sie leben möchten etc. Wichtig ist, dass dies alles Ziele sind, die Sie sich wirklich wünschen. So bauen Sie eine tiefe emotionale Bindung zu Ihren Wünschen auf. Wenn Sie sich alles notiert haben, dann suchen Sie sich zu jedem Wunsch ein passendes Bild heraus.

Das können alte Bilder von Ihnen sein, Postkarten, Zeitungsausschnitte oder Fotos und Abbildungen aus dem Internet. Wenn Sie talentiert sind, können Sie auch selbst kleine Zeichnungen anfertigen. Es müssen nicht nur Bilder sein. Schöne Worte, die Sie motivieren und tief berühren, sind ebenso geeignet. Wichtig ist nur, dass jede Abbildung Ihre Träume repräsentiert.

Wenn Sie die Bilder noch intensivieren möchten, können Sie zu jedem eine kleine Affirmation verfassen. Was Affirmationen sind, haben Sie in diesem Buch bereits gelernt. Wenn es also zum Beispiel Ihr größter Traum ist, einmal am Great Barrier Reef zu tauchen, suchen Sie sich ein Bild heraus, das dieses Korallenriff abbildet. Im besten Fall ist hierauf auch noch ein Taucher zu sehen. Um es zu verstärken, schreiben Sie zu diesem beispielsweise noch folgende Affirmation: „Ich tauche am Great Barrier Reef“. Schon haben Sie Ihren ersten Wunsch für Ihr Vision Board. Natürlich brauchen Sie jetzt noch etwas, um alle

Bilder zu einem Ganzen zusammenzufügen. Dafür könnten Sie einen leeren Bilderrahmen nutzen. So haben Sie Ihre Wünsche optisch schön verpackt.

Alternativ können Sie auch eine klassische Pinnwand oder eine Magnettafel für Ihr Vision Board verwenden. Oder Sie halten es ganz simpel und basteln ein Plakat. Fügen Sie Ihre Bilder zu einem schönen Gesamtkunstwerk zusammen und setzen Sie sich dabei emotional mit Ihren Zielen auseinander.

Gerne können Sie dabei Musik hören und Songs abspielen, die Ihnen positive Energie verleihen. So bauen Sie eine optimale Verbindung zu Ihrem Vision Board auf. Sie werden merken, wieviel Spaß es machen kann, seine Wünsche zu visualisieren. Sie werden wahrscheinlich vor lauter Vorfreude die ganze Zeit bei der Erstellung schmunzeln. Behalten Sie dieses Schmunzeln im Herzen. Denn von nun an wird Ihnen jeder Gedanke an Ihre Wünsche ein Lächeln ins Gesicht zaubern.

Wenn Sie Ihr Vision Board fertiggestellt haben, brauchen Sie noch einen geeigneten Platz in Ihrer Wohnung. Es sollte ein Ort sein, an dem Sie sich oft aufhalten. Das Wohnzimmer wäre zum Beispiel gut geeignet. Hier verbringt man viel Zeit und so haben Sie Ihre Wünsche immer bei sich.

Einen Extra-Vorteil bietet das Wohnzimmer noch zusätzlich: Wenn Sie Besuch bekommen, sehen Ihre Gäste zwangsläufig Ihr Vision Board. Das wird Sie noch mehr motivieren. Schließlich wissen Ihre Freunde jetzt von Ihren Zielen und werden Sie wahrscheinlich öfter darauf ansprechen.

Zudem werden Sie häufiger die Gelegenheit haben von Ihren Wünschen zu erzählen. Das macht Ihre Visualisierung lebendig und Sie können sie besser verinnerlichen. Vielleicht schaffen Sie es dadurch auch, andere Menschen ebenfalls dazu anzuregen, sich ein eigenes Vision Board zu erstellen.

Wenn diese sehen, wie begeistert Sie von Ihren Träumen reden und mit welcher Technik Sie diese erreichen, fangen sie vielleicht selbst an, über ihr Leben nachzudenken. Es fühlt sich unglaublich schön an, andere Menschen zu inspirieren. Dadurch können Sie gemeinsam an Ihren Zielen arbeiten und sich gegenseitig motivieren und beflügeln.

Alternativ können Sie Ihr Vision Board auch ins Schlafzimmer hängen. So könnten Sie jeden Morgen nach dem Aufstehen einen Blick darauf werfen. Das wird Ihnen nach dem Aufwachen einen extra Motivationsschub geben und Sie werden voller Vorfreude in den Tag starten, um an Ihrer Zielerreichung zu arbeiten. Zudem können Sie es täglich kurz vor dem Schlafengehen betrachten. So nehmen Sie Ihre Ziele mit in die Nacht und können sie im Schlaf verarbeiten.

Generell ist es von Vorteil, wenn Sie jeden Tag aktiv mit dem Vision Board arbeiten. Natürlich wird es Sie auch bei Ihrer Zielerreichung unterstützen, wenn Sie es ständig um sich haben und bewusst oder unbewusst wahrnehmen. Eine aktive Arbeit mit dem Vision Board wird diesen Prozess jedoch noch schneller und besser voranbringen.

Ich empfehle Ihnen daher, jeden Tag ein bisschen Zeit dafür zu investieren. Dabei steht es Ihnen vollkommen frei, ob Sie sich mit Ihrem Vision Board lieber morgens oder abends auseinandersetzen.

Denken Sie auch hier an die wertvollen Zwischenphasen, in denen Ihr Gehirn und Unterbewusstsein besonders empfänglich für die Visualisierung sind. Setzen Sie sich für die Visualisierung mit Ihrem Vision Board an einen ruhigen und ungestörten Ort. Betrachten Sie es eingehend. Lassen Sie die Emotionen, die die Betrachtung Ihrer Träume in Ihnen auslöst, durch Ihren Körper fließen.

Spüren Sie die positive Energie und die Vorfreude auf die Erreichung Ihrer Ziele. Halten Sie diese positiven Gefühle während der ganzen Visualisierung aufrecht. Nachdem Sie Ihr Vision Board intensiv betrachtet haben, schließen Sie die Augen. Rufen Sie jedes Ziel erneut vor Ihr inneres Auge.

Jedes Ziel sollten Sie nun einzeln visualisieren. Stellen Sie sich vor, was Sie tun werden, wenn Sie Ihren Traum endlich leben. Wo sind Sie und was tun Sie? Was fühlen Sie dabei? Visualisieren Sie Ihren Traum so detailliert wie möglich und nutzen Sie auch hier wieder alle Ihre Sinne.

Verhalten Sie sich so, als wäre Ihre Vision schon Ihre **gegenwärtige Realität.** Bauen Sie eine tiefe emotionale Bindung auf. Ihr Körper sollte von der Vision komplett eingenommen werden.

Wenn Sie dieses Ritual jeden Tag wiederholen, wird sich schon bald der Erfolg in Ihrem Leben einstellen. Zusätzlich prägen Sie Ihr Unterbewusstsein, wenn Sie Ihr Vision Board täglich nebenbei in der Wohnung sehen und einen zufälligen Blick darauf werfen. Das wird den Effekt der Visualisierung verstärken. Holen Sie also Schere und Kleber hervor und fangen Sie an, an Ihren Träumen zu basteln.

Werden Sie selbst zum Regisseur des Lebens

Haben Sie sich auch schon einmal gewünscht, einen eigenen Film zu drehen, in dem Sie selbst bestimmen können, was passiert? Dann sind Sie hier genau richtig. Und nicht nur das. Sie haben mit dieser Methode der Visualisierung die Möglichkeit, einen Film über Ihr eigenes Leben zu gestalten. Einen Film, der all Ihre Lebensträume präsentiert. Doch das Beste daran ist: Irgendwann werden Sie bemerken, dass all Ihre erträumten Wünsche aus diesem Film Wirklichkeit werden.

Das effektive Tool, dass ich Ihnen vorstellen möchte, heißt Mind Movie. Es wurde von Dr. Joe Dispenza kreiert. Ihn und seine bemerkenswerte Geschichte haben Sie bereits zu Beginn des Buches kennengelernt. Seine eigenen unglaublichen Erfahrungen und effektiven Mittel möchte er mit der ganzen Welt teilen. Deshalb hat er diese Methode entwickelt.

Die Idee hinter einem Mind Movie ist einfach. Man erstellt seinen eigenen kleinen Kurzfilm, der die Lebensträume, Wünsche und Ziele wiedergibt. Während das Vision Board nur aus Bildern besteht, besteht ein Mind Movie aus sehr viel mehr. Es ist eine Kombination aus Bildern, Videoclips und Musik. Der selbst kreierte Kurzfilm ist in der Regel drei Minuten lang. Aber die Länge können Sie natürlich auch ganz nach Belieben variieren.

Doch nicht die Dauer des Filmes ist von Bedeutung, sondern die unglaubliche Wirkung, die er in Ihrem Leben entfaltet. Denn durch die Kombination von Bildern und Videos mit der Musik wird eine emotionale Bindung zu dem Gesehenen geschaffen, ganz abgesehen von der Arbeit und der Liebe, die man in dieses Projekt investiert hat. Sie müssen Ihre Visionen in Ihrem Körper spüren, um positive Effekte daraus ziehen zu können.

Ebenso wichtig ist es, dass Sie Ihre Visionen so lebhaft wie nur möglich gestalten und erleben. Nur so kann Ihr Gehirn positive Verknüpfungen herstellen, damit Sie Ihre alten und schlechten Gewohnheiten hinter sich lassen können.

Und genau das ist das Großartige an einem Mind Movie: Durch die liebevolle Gestaltung und die Verknüpfung von Bildern mit der Musik erwachen Ihre Träume zum Leben und schaffen eine persönliche emotionale Bindung.

Wie funktioniert ein Mind Movie?

Zuerst müssen Sie sich natürlich genau überlegen, was Ihre genauen Wünsche und Ziele sind. Wie bei jeder Form der Visualisierung ist es wichtig, dass man sich darüber im Klaren ist, da die Visualisierung ansonsten nicht richtig wirken kann.

Die verschiedenen Wünsche und Ziele sollten jeden Lebensbereich abdecken. Dazu gehören zum Beispiel Ihre beruflichen Ziele, Ihre Beziehungen, Ihre persönliche Weiterentwicklung, Ihre Lebensumstände etc. Zu jedem individuellen Ziel suchen Sie sich nun jeweils ein Bild oder ein Video aus, das dieses Ziel repräsentiert. Wünschen Sie sich beispielsweise ein Strandhaus auf Hawaii, nehmen Sie ein Foto von Ihrem Traumhaus mit Blick auf das Meer, das auf Hawaii steht. Sie träumen von einer Safari in Afrika? Dann suchen Sie sich ein Bild oder Video aus Afrika heraus, das eine Safari zeigt.

Dabei können Sie aus einer Vorlage von Bildern wählen oder auch eigene Fotos hochladen. Ebenso besteht die Möglichkeit ein YouTube-Video einzubauen. Sie haben bei der Gestaltung großen Spielraum und können alles so darstellen, wie es Ihnen gefällt.

Wenn Sie sich Ihrer Wünsche bewusst geworden sind und die passenden Bilder dazu gefunden haben, brauchen Sie noch passende Affirmationen. Jeder Wunsch sollte dabei einer Affirmation zugeteilt werden.

Affirmationen sind positive Glaubenssätze, die Sie in Ihrer Vision unterstützen. Sie haben sie in diesem Buch bereits kennengelernt. Affirmationen sind somit ein weiteres wichtiges Mittel, um Ihre Träume wahr werden zu lassen. Sie gehen mit Visualisierungen Hand in Hand und bestärken sich gegenseitig. Wenn Sie sich nun ein Haus auf Hawaii wünschen, könnte Ihre Affirmation „Ich habe ein Strandhaus auf Hawaii" lauten. Bei dem Wunsch nach einer Safari wäre „Ich mache eine Safari in Afrika" passend. Diese Sätze sind kurz, einprägsam und stehen in der Gegenwart. Sie eignen sich somit perfekt für eine wirkungsvolle Affirmation.

Nachdem Sie Ihre Ziele, Bilder und Affirmationen zusammengestellt haben, wird der ganze Kurzfilm noch mit Musik untermalt. Diese Musik sollten Sie sehr sorgfältig auswählen. Es ist wichtig, dass diese Sie emotional berührt und positive Gefühle in Ihnen weckt.

Das Hinzufügen der Musik zu Ihren visuellen Wünschen erhöht die positive Energie. Dadurch verankern sich diese schneller und leichter in Ihrem Gehirn und Unterbewusstsein. Es wird eine emotionale Bindung geschaffen, die essenziell für eine erfolgreiche Visualisierung ist.

Wenn Sie Ihre Wünsche, Bilder, Affirmationen und die Musik zusammengestellt haben, sind Sie auch schon fertig. Herzlichen Glückwunsch! Sie haben Ihren eigenen kleinen Kurzfilm kreiert! Seien Sie stolz darauf und freuen Sie sich auf Ihre traumhafte Zukunft!

Um Ihr Mind Movie in Ihrem Unterbewusstsein zu verankern, sollten Sie sich Ihren Kurzfilm einmal täglich ansehen. Ein passender Augenblick wäre zum Beispiel morgens direkt nach dem Aufstehen oder abends vor dem Schlafengehen.

In dieser Zeit befindet sich Ihr Körper in einer Zwischenphase zwischen träumen und wach sein und ist besonders empfänglich für positive Visualisierungen. Ihr Mind Movie dient Ihnen zu diesem Zeitpunkt als Inspirationsquelle. Sie können damit entweder gestärkt in den Tag hinausgehen oder entspannt einschlafen.

Jetzt fragen Sie sich vielleicht, was passiert, wenn alle Ihre Wünsche wirklich in Erfüllung gehen. Was ist dann? Ganz einfach – dann setzen Sie sich wieder neue Träume und Ziele. Niemand hat gesagt, dass danach Schluss sein muss. Sie können jederzeit ein neues Mind Movie erstellen.

Das gilt natürlich auch, wenn sich Ihre Wünsche ändern. Das Leben ist im ständigen Wandel und wir verändern uns mit. Träume, die wir noch vor einem Jahr hatten, müssen nicht die gleichen Träume sein, die wir jetzt haben.

Wenn sich Ihre Ziele also ändern, können Sie ihre Visualisierung einfach anpassen. Und wer weiß … Vielleicht müssen Sie Ihre Visionen schneller erneuern als es Ihnen lieb ist, weil sich so viel in Ihrem Leben ändert und Träume wahr werden.

Die Vorteile eines Mind Movie haben wir ausführlich beschrieben. Doch wie sieht es mit den Nachteilen aus? Gibt es überhaupt welche? Ja – es gibt tatsächlich einen kleinen Nachteil. Die Software für Mind Movies ist nicht kostenlos. Sie müssen ein wenig Geld investieren, um in den Genuss von Ihrem persönlichen Lebensfilm zu kommen. Doch es lohnt sich.

Wenn Sie jedoch kein Geld dafür ausgeben wollen gibt es eine Alternative. Sie könnten stattdessen eine PowerPoint Präsentation gestalten. Auch hier können Sie Bilder und Videos einfügen und alles frei gestalten. Am Ende lassen Sie die Präsentation ablaufen und haben auch hier Ihren eigenen kleinen Film.

Ich hoffe, ich konnte Sie für diese Art der Visualisierung begeistern. Oder sind Sie doch eher der klassische Visionär, der lieber die Meditation oder das Vision Board zur Visualisierung nutzt? Ich persönlich benutze dieses Tool sehr gerne, da es eine sehr gute Ergänzung zu einer tiefer gehenden Meditation ist. Doch egal, welches Mittel Sie nutzen oder welche Mittel zur Visualisierung Sie kombinieren - das Wichtigste ist, dass Sie überhaupt visualisieren und Ihr Leben selbst in die Hand nehmen.

Die Zauberformel für sofort mehr Lebensenergie

Sie wünschen sich mehr Energie im Leben und das am besten sofort? Dann sind Sie hier genau richtig. Ich habe eine Formel für Sie, mit der sie automatisch mehr Lebensenergie bekommen. Der Schlüssel dazu liegt in Ihren eigenen Gedanken. Sie selbst haben diese Energie nämlich bereits in sich.

Sie müssen diese nur wiederfinden, denn sie wird von anderen Dingen überlagert. Und ich verrate Ihnen, wie Sie sie finden können. Jeder Gedanke, den wir haben, jede Meinung, der wir im Laufe unseres Lebens begegnen, und jede Erfahrung, die wir machen prägen uns. Sie machen uns zu dem, was wir heute sind.

Dabei spielt es auch keine Rolle, ob diese Erfahrungen gut oder schlecht waren. Denn wie wir damit umgehen, ist vollkommen unsere alleinige Entscheidung. Wir können daraus lernen und die Erfahrungen für uns nutzen.

Sie sollten das Leben als einen Fluss betrachten. Ein Fluss fließt ständig und ist somit auch ständig Veränderungen ausgesetzt. Wir haben nun die Wahl, ob wir mit diesem Fluss fließen möchten, oder ob wir uns dem Stillstand hingeben.

Doch warum geben sich viele Menschen lieber dem Stillstand hin anstatt mit dem Lebensfluss zu fließen? Ganz einfach, weil sie Angst haben. Sie haben Angst vor Veränderungen. Diese Angst lähmt sie. Sie wissen nicht, was als Nächstes passiert und assoziieren Veränderungen mit etwas Negativem.

Doch Veränderungen müssen nicht negativ sein. Wir selbst können beeinflussen, wie die Veränderungen letztendlich aussehen. Das ist vielen nicht bewusst. Stillstand scheint dann die angenehmere Option zu sein. Doch das ist eine Täuschung.

Stillstand führt früher oder später zur Unzufriedenheit, einfachdeshalb, weil sich nichts verändert. Das raubt die Lebensfreude und führt zu negativer Energie. Wenn wir stattdessen im Lebensfluss mitfließen, können wir von seiner positiven Energie profitieren, denn wir können selbst den Fluss des Lebens steuern.

Wir allein entscheiden, wohin uns dieser Fluss führt. Viele unserer inneren Blockaden rufen wir durch unsere Ängste selbst in uns hervor. In den meisten Fällen sind diese Ängste vollkommen unbegründet. Wenn wir dann doch einmal den kalten Sprung ins Wasser wagen, merken wir, dass alles halb so schlimm war und dass uns die Veränderungen ein positives Gefühl geben.

Wenn wir unsere Ängste überwinden, setzen wir eine starke Energie frei, die uns beflügelt und erlöst. Doch wie können wir uns befreien? Wir müssen die negativen Gedanken durch positive Gedanken ersetzen, indem wir bewusst in der Gegenwart leben und uns vom Lebensfluss mitreißen lassen.

Wir müssen im Hier und Jetzt leben und dürfen nicht so viel darüber nachdenken, was passieren könnte. Im Endeffekt wissen wir nicht, was passieren wird. Aber wir wissen, dass wir alles beeinflussen können – durch unsere positiven Gedanken.

Wenn wir die negativen Gedanken beiseiteschieben, kann das Resultat am Ende nur positiv werden. Denken Sie immer daran: Gleiches zieht Gleiches an. Das ist das Gesetz der Anziehung. Und wenn Sie das verinnerlichen, dann wissen Sie auch, dass Ihnen nichts Schlimmes passieren kann.

Wir bedienen das Ruder unseres Lebens. Wie wir die Dinge sehen, bestimmen wir selbst. Das bedeutet, wir müssen bewusst leben und Verantwortung für unser eigenes Leben übernehmen. Wenn wir das befolgen, wird die positive Lebensenergie in uns fließen. Die negativen Energien werden schwinden und positive Energie wird freigesetzt. Das ist unser Antrieb. Bereits in der Antike entstand diese Lebensphilosophie. Sie nennt sich „Stoizismus“. Schon damals glaubten die Philosophen an den freien Willen und dass wir Menschen selbst entscheiden können, wie wir etwas wahrnehmen und wie wir darauf reagieren.

Sie wollen sich gut fühlen? Sie haben es selbst in der Hand. Es ist einfach nur eine Frage der Wahrnehmung. Wenn Sie glücklich und voller positiver Lebensenergie sein möchten, dann entscheiden Sie sich dafür. Und zwar jetzt! Dies ist eine Art Bewusstseinswechsel. Es gibt demnach keine Probleme in Ihrem Leben, sondern nur Chancen. Dieser Bewusstseinswechsel wird von unserer inneren Einstellung geprägt. Diese Einstellung spiegelt Ihren freien Willen wider.

Oft werden wir von unserer Umwelt mit negativen Glaubenssätzen belegt. Beispiele: „Das schaffst du nicht" - „Das Leben ist kein Ponyhof" - „Die anderen haben immer mehr Glück" - „Reiche Menschen sind schlechte Menschen" - „Geld stinkt" etc.

Diese negativen Wahrnehmungen entstehen, weil man sein Leben nicht selbst steuert und keine Verantwortung übernimmt.

Menschen, die so denken, sind fremdgesteuert und leben kein bewusstes und sinnerfülltes Leben. Stattdessen lassen sie sich von ihren negativen Gedanken einnehmen und geben sich dem Stillstand hin. Der Fluss des Lebens zieht an ihnen vorbei.

Visualisierungen können Ihnen dabei helfen, mit dem Lebensfluss zu fließen und die positive Lebensenergie freizusetzen. Indem Sie sich in Ihren täglichen Visualisierungen mit Ihren Zielen und Träumen auseinandersetzen, werden Sie sich automatisch besser fühlen. Sie übernehmen Verantwortung und das wird ein Gefühl von Erfolg in Ihnen auslösen.

Zudem unterstützt Sie die Visualisierung dabei, sich auf herausfordernde und beängstigende Situationen vorzubereiten. Wenn Sie zum Beispiel große Angst vor einem Bewerbungsgespräch haben und sich unsicher fühlen, kann es hilfreich sein, wenn Sie das Gespräch mehrmals visualisieren. Stellen Sie sich vor, wie die Begegnung ablaufen wird, wie Sie sie sich während des Gesprächs verhalten und was Sie ausstrahlen möchten. So werden Sie ruhiger und Ihre Ängste werden Ihnen genommen. Dadurch gehen Sie selbstsicher und voller positiver

Energie in das Gespräch. Das wiederum sorgt dafür, dass Ihre Visualisierung wahr wird.

Es hängt also alles miteinander zusammen. Und je mehr Ihnen das bewusstwird, desto energiegeladener werden Sie sich fühlen. Sie werden spüren, welch starken Einfluss Sie auf Ihr Leben haben und dass Sie es so gestalten können, wie Sie es sich wünschen.

Ein weiteres Hilfsmittel für eine positive Lebenseinstellung ist eine Dankbarkeitsliste. Dort schreiben Sie alles auf, wofür Sie in Ihrem Leben dankbar sind. Oft sehen wir nur das Schlechte, doch wenn wir uns einmal bewusst hinsetzen und niederschreiben, was in unserem Leben wertvoll ist, werden wir überrascht sein, wie viel das ist. Sie werden sich dadurch sofort besser fühlen und Ihren Blickwinkel ändern. Sie werden den Fokus nicht mehr auf das Negative richten, sondern sich auf das Positive konzentrieren.

Lassen Sie die Dankbarkeitsliste zu einem täglichen Ritual werden. Schreiben Sie jeden Abend vor dem Schlafengehen 3 Dinge auf, wofür Sie an diesem Tag dankbar sind. Das können auch ganz gewöhnliche Dinge sein, wie zum Beispiel: „Heute hat die Sonne geschienen“ oder „Ich bin gesund“.

Das wird Ihren Fokus auf die Sonnenseite des Lebens legen und Sie werden anfangen, den Tag ganz anders wahrzunehmen. Zudem können Sie den vergangenen Tag besser reflektieren und verarbeiten. Das Resultat ist ein besseres Bewusstsein für das eigene Leben und natürlich eine positive Denkweise. Damit können Sie Ihr Wohlbefinden sofort steigern und langfristig erhalten. Lenken Sie deshalb Ihre Sichtweise immer auf das Positive. Nur so können Sie negative Gedanken verdrängen und aus Ihrem Leben ausschließen.

Zusammenfassung

Sie haben verschiedene Methoden kennengelernt, um die Visualisierung in Ihr Leben zu integrieren. Für welche Methode Sie sich letztendlich entscheiden, bleibt vollkommen Ihnen überlassen. Ob die klassische meditative Visualisierung, Vision Board oder Mind Movie – alle sind sehr stark in ihrer Wirkung.

Kombinieren Sie diese Methoden miteinander, können Sie diesen Effekt sogar noch verstärken. Achten Sie darauf, dass Sie regelmäßig visualisieren und dass Ihre Gedanken und Affirmationen von Grund auf positiv sind. Seien Sie dankbar für alles, was Sie haben und sehen Sie das Leben als eine turbulente Reise an, die exklusiv für Sie vorgesehen ist. Erzählen Sie anderen Menschen von Ihren Zielen und lassen Sie sich bei deren Erreichung unterstützen.

Im Beruf endlich durchstarten

Wenn Sie die nächste Stufe auf der Karriereleiter erklimmen oder Ihr Unternehmen auf ein höheres Level bringen möchten, dann ist dieses Kapitel sehr wertvoll. Hier gebe ich Ihnen Tipps und Denkanstöße, wie Sie Ihre berufliche Karriere mit Hilfe der Visualisierung automatisch ankurbeln können.

Den Berufsalltag einfacher gestalten

Wie viele andere Menschen wünschen Sie sich wahrscheinlich auch, dass Ihnen Ihr Arbeitsalltag leichter fällt und Sie mit voller Kraft an Ihre Aufgaben gehen. Hierbei möchte ich Ihnen gerne helfen. Die Grundvoraussetzung für ein erfülltes Arbeitsleben ist die richtige Intention.

Fragen Sie sich daher einmal selbst, warum Sie Ihren Beruf ausüben. Eine naheliegende Antwort ist natürlich die Bezahlung. Wir arbeiten, damit wir unseren Lebensunterhalt verdienen und ein angenehmes Leben führen können. Mit dieser Einstellung werden Sie jedoch keine Erfüllung in Ihrem Job erlangen.

Wenn Sie nur wegen des Geldes arbeiten, werden Sie mit Ihrem Beruf niemals glücklich werden. Er wird Sie bremsen, da er Sie mit negativer Energie füllt. Überlegen Sie sich daher einmal genauer, warum Sie dort arbeiten, wo Sie arbeiten. Ist dieser Job wirklich Ihr Traumberuf? Oder würden Sie viel lieber etwas anderes machen? Wenn ja - warum tun Sie es dann nicht? Was hindert Sie daran?

Über diese Fragen sollten Sie sich Gedanken machen. Nur, wenn Sie wissen, was Sie sich beruflich wirklich erhoffen, können sich diese Erwartungen erfüllen. Setzen Sie sich damit intensiv auseinander und erstellen Sie eine Vision, was Sie beruflich erreichen möchten. Wie sähe Ihr Traumjob aus? Was müssen Sie tun, um diesen Beruf auszuüben? Nur, wer eine Vision hat, kann auch gezielt darauf hinarbeiten. Wenn Sie nicht wissen, was Sie wollen, wird sich Ihre berufliche Unzufriedenheit nicht ändern.

Sobald Sie wissen, was Sie eigentlich möchten, fangen Sie an zu visualisieren. Visualisieren Sie Ihren perfekten Arbeitsplatz, Ihren Job, Aufgaben und Kollegen. Dadurch wird sich Ihr Geist öffnen und Sie werden mit offenen Augen durch das Leben gehen. Chancen werden sich bieten. Chancen, die Sie zuvor nicht wahrgenommen haben. Sie werden sie förmlich anziehen, da Sie eine positive Energie ausstrahlen. Die Kraft und Energie Ihrer Gedanken wird Sie zu Ihrem Traumberuf führen.

Doch was ist, wenn Sie bereits lieben, was Sie tun, aber immer noch von Ihren Ängsten geleitet werden? Angst zu versagen, Angst vor Ihrem Vorgesetzten, Angst vor großem Publikum zu sprechen etc. Auch diese Ängste können Sie mit Hilfe der Visualisierung beiseite schieben, denn durch die Visualisierung erhalten Sie mehr Selbstsicherheit.

Ihre Ziele müssen also nicht nur von großer Natur sein. Es kann zum Beispiel auch das Ziel sein, das Sie in Ihrem Berufsleben selbstsicherer auftreten. Auch hier ist die Visualisierung sehr nützlich. Sie können verschiedene Szenarien durchspielen, in denen Sie die Situationen intensiv erleben.

Wenn Sie in Bezug auf Kundenkontakt selbstsicherer auftreten möchten, müssen Sie dies zuvor visualisieren. Stellen Sie sich vor, wie Sie den Kunden gegenübertreten. Was tun Sie? Wie verhalten Sie sich? Sie sollten in Ihrer Vision das bestmögliche Ich von sich selbst sein. So kann sich dieses Ich auch in die Wirklichkeit übertragen.

Strahlen Sie absolute Selbstsicherheit aus. Spüren Sie diese in Ihrem Körper. Nehmen Sie die Selbstsicherheit mit allen Sinnen wahr! Seien Sie die selbstsicherste Person auf dieser Welt und tragen Sie dieses positive Gefühl immer in sich. Je häufiger Sie die Situation visualisieren, desto selbstsicherer werden Sie.

Ihre Ängste und Ihre Nervosität werden schwinden, da Sie sich der Situation schon viele Male gestellt haben und wissen, was auf Sie zukommt. Dies können Sie natürlich auf alle Bereiche übertragen. Sie können dadurch Ihre Vorträge vor einem Publikum verbessern, in Bewerbungsgesprächen überzeugen oder sich auch nur ganz einfach vorstellen, wie Ihnen alles mit leichter Hand gelingt und Sie Ihren Arbeitstag mit Freude ansehen.

Sie können die Visualisierung aber nicht nur für Ihre persönliche Weiterentwicklung nutzen. Sie kann Ihnen auch bei der Gestaltung Ihres Arbeitsplatzes weiterhelfen. Wenn Sie Ihren Arbeitsplatz und Ihre Aufgaben entsprechend visualisieren, wird Ihnen das sehr viel Arbeit ersparen.

Sie werden den Kopf für die wichtigen Dinge frei haben und versinken nicht im Chaos, das Sie von Ihren eigentlichen Aufgaben abhält und ein wahrer Zeitfresser ist. Wie heißt es so schön: „Ordnung ist das halbe Leben." Wenn Sie Ihren Arbeitsplatz also visuell gestalten, sparen Sie eine Menge Zeit. Daher lautet die erste Regel: Halten Sie Ihren Schreibtisch ordentlich.

Je weniger auf Ihrem Schreibtisch steht, desto besser können Sie sich auf etwas fokussieren und werden nicht unnötig abgelenkt. Entfernen Sie am besten alles von Ihrem Schreibtisch, dass Sie nicht wirklich brauchen. Denn das, was wir wirklich brauchen, ist in der Regel überhaupt nicht viel: einen Laptop, einen Stift und einen Zettel, ein Telefon und natürlich etwas zum Trinken, damit Sie jederzeit ausreichend hydriert sind. Vielmehr bedarf es meist gar nicht. Sie sollten Ihren Arbeitsplatz also nicht mit unnötigen visuellen Reizen beladen, die Ihre Gedanken abschweifen lassen.

Eine weitere Hilfe ist es, wenn Sie wissen, was Sie den Tag über zu erledigen haben und Prioritäten setzen. Sie sollten Ihre Aufgaben visuell darstellen. Dazu eignet sich am besten eine To-Do Liste. Überlegen Sie sich bei der Erstellung ganz genau, was wichtig ist und Vorrang hat. Überladen Sie die To-Do Liste nicht, sondern gestalten Sie diese so, dass sie übersichtlich bleibt.

Wenn Sie die Liste am Ende des Tages abgearbeitet haben, wird Ihnen das ein Erfolgserlebnis verschaffen. Ordnen Sie alles so an, dass das, was zuerst erledigt werden muss, ganz oben steht. So können Sie die Liste nach und nach abarbeiten und suchen nicht ständig nach der Aufgabe, die Sie als Nächstes zu erledigen haben.

Natürlich gibt es auch Aufgaben wie beispielsweise wichtige E-Mails und Anrufe, die sofort erledigt werden müssen. Lassen Sie sich davon aber nicht zu sehr einnehmen. Vielmehr sollten Sie versuchen, dies, soweit es möglich ist, mit in Ihre Aufgabenliste zu integrieren. Räumen Sie sich also für die Beantwortung von E-Mails und Anrufen bewusst Zeit ein. Das gilt genauso für unvorhergesehene Dinge. Seien Sie bei der Erstellung Ihrer To-Do Liste deshalb motiviert, aber auch nicht zu unrealistisch. Vielmehr sollten Sie sich so viele Erfolgserlebnisse schaffen wie nur möglich. Und was ist das für ein großartiges Gefühl, den Tag mit dem Wissen abzuschließen, dass man all seine Aufgaben erledigt hat?

Es ist empfehlenswert, abends oder morgens direkt vor der Arbeit zu visualisieren. Was ist Ihr Tagesziel? Welche Aufgaben möchten Sie unbedingt abarbeiten? Wie möchten Sie sich den Tag über fühlen? Wie ist das Verhältnis zu Ihren Kollegen?

Wenn Sie das jeden Tag visualisieren, wird Ihr Arbeitstag auch dementsprechend verlaufen. Sie können ihn mit der Kraft der Gedanken beeinflussen und ihn positiv gestalten. Werden Sie dabei konkret! Stellen Sie sich vor, wie Sie Ihr Ziel erreichen und stellen Sie sich nicht selbst in Frage, ob Sie das überhaupt schaffen können. Sie brauchen den starken Glauben an sich selbst und sollten Ihren Aufgaben positiv entgegentreten. Suchen Sie nach Lösungen und nicht nach Problemen.

Das sind alles kleine Handgriffe, die Sie kinderleicht umsetzen können. Doch Sie werden Ihnen dabei helfen, den Sinn in Ihrer Arbeit zu entdecken und den Arbeitsalltag zu gestalten. Schließlich sollen Sie sich auf Ihre Arbeit freuen und kein typischer „Heute ist schon wieder Montag!“-Mensch sein bzw. werden.

Versuchen Sie Ihre Arbeit zu lieben, denn dann wird sie Ihnen nicht mehr wie Arbeit vorkommen. Es wird Ihnen Spaß machen aktiv zu sein, was wiederum einen positiven Effekt auf Ihr ganzes restliches Leben hat. Sie werden am Abend zufrieden und gut gelaunt nach Hause gehen und die restlich Zeit des Tages genießen und ebenso sinnvoll nutzen. Das wird nicht nur Sie selbst, sondern auch Ihre Familie freuen. Finden Sie also Erfüllung in dem, was Sie tun und erfreuen Sie sich an der neugewonnenen positiven Energie.

Andere überzeugen und gemeinsam profitieren

Wenn Sie in einem Beruf arbeiten, bei dem Sie viel mit Ihren Kollegen interagieren müssen, wird dieses Kapitel sehr wertvoll für Sie sein. Ich <möchte Ihnen Wege aufzeigen, wie Sie Ihre Teamarbeit verbessern und erfolgreicher gestalten können, denn diese kann manchmal sehr kräftezehrend sein.

Wenn viele verschiedene Menschen und Meinungen aufeinander treffen ist es häufig gar nicht so einfach, diese alle miteinander zu vereinbaren. Es gibt Menschen, die das ganze Team zu ihren Bedingungen anführen möchten, es gibt Personen, die sich nicht trauen, ihre Meinung zu sagen und Mitläufer, die einfach nur das erledigen, was von ihnen erwartet wird.

Wie führt man also diese verschiedenen Typen zu einer homogenen Gruppe zusammen, die am Ende an einem Strang zieht? Auch hier liegt der Schlüssel wieder in der Visualisierung. Sie brauchen als Gruppe eine übergeordnete Vision. Alle sollten dabei an diese Vision glauben und vollkommen dahinterstehen. Nur so kann das Ziel gemeinsam erreicht werden.

Das Erste, was Sie tun sollten, wenn Ihre gemeinsame Arbeit an einem Projekt beginnt, ist deshalb die Definition einer Vision. Was ist das Ziel des Projekts? Was wollen Sie am Ende erreicht haben?

Sie sollten gemeinsam diese Vision erarbeiten, damit sich auch alle mit dieser identifizieren können. Dadurch schaffen Sie eine positive Grundlage der Zusammenarbeit und können gleichzeitig die Motivation aller Mitarbeiter steigern. Es ist wichtig, dass jeder weiß, für welches Ziel er arbeitet. Dadurch erhöhen Sie das Engagement der Mitarbeiter.

Ein weiterer Vorteil wäre, wenn jeder weiß, was genau seine Arbeit an einem Projekt ist. Schauen Sie deshalb, wer welche Stärke besitzt und nutzen Sie dieses Wissen. Wer kann zum Beispiel besonders gut organisieren? Wer kann gut kommunizieren? Wer kann Ideen schnell zu Strategien weiterentwickeln und in die Tat umsetzen?

Nutzen Sie die Stärken einzelner Personen und schaffen Sie dadurch eine breit gefächerte Gemeinschaft. Sie werden sehen, wie die Gruppe aufblüht, zusammenwächst und von positiver Energie gefüllt sein wird. Schließlich haben alle ein gemeinsames Ziel und das gilt es zu erreichen. Durch ein entstehendes Gemeinschaftsgefühl werden sich Ihre Mitarbeiter gegenseitig unterstützen. Einzelkämpfer, die ihre eigenen Interessen in den Vordergrund stellen, werden es dann sehr schwer haben.

Auch in Gruppenarbeiten, bei denen noch gar nicht klar ist, in welche Richtung es geht, ist die Visualisierung hilfreich. Schließlich müssen Sie noch herausfinden, was das nächste Ziel ist und das ist der erste Schritt der Visualisierung - die Definition eines Ziels.

Hier eignet sich die Methode des Brainstormings wunderbar, um neue Ideen zu generieren. Bei einem Brainstorming werden alle Ideen gesammelt und niedergeschrieben, die man zu einem bestimmten Thema hat. Nebenbei stellt man Verknüpfungen zu anderen Ideen her, sodass sich nach und nach ein Gesamtbild ergibt.

Dieser Prozess kann einige Zeit in Anspruch nehmen, vor allem dann, wenn es um Teamarbeit geht. Doch der Vorteil dabei ist, dass am Ende mehr herauskommt, als wenn nur einer seine Ideen niederschreibt. Viele neue Blickwinkel und Möglichkeiten ergeben sich durch die Arbeit in der Gruppe. Das ist sehr wertvoll.

Wichtig beim Sammeln von Ideen ist, dass das Team voller positiver Energie ist und wirklich an einem gemeinsamen Ziel arbeiten möchte. Ein Teamleiter kann dabei helfen. Er kann die Mitarbeiter motivieren und sie während des ganzen Prozesses unterstützen, indem er als Moderator fungiert.

Er schreibt die Ideen nieder, stellt Verknüpfungen her und hakt nach, wo es nötig ist. Zudem kann er die anderen dazu motivieren, tiefer in die Ideen einzudringen, sie zu optimieren und zu präzisieren. Ein guter Teamleiter spornt zu Höchstleistungen an und bewegt sein Team zum Umdenken.

Gleichzeitig stellt er sicher, dass auch alle in die Ideenfindung integriert werden. Er sollte jeden Mitarbeiter dazu ermutigen, seine Meinung zu sagen und seine Ideen vorzubringen. Jede Meinung ist wertvoll und kann einen wichtigen Beitrag leisten. Auch dann, wenn sie unbedeutend erscheinen mag.

Der Teamleiter selbst sollte etwas Positives ausstrahlen und die anderen überzeugen können, auf ein gemeinsames Ziel hinarbeiten. Denn nur wenn alle an einem Strang ziehen, kann davon profitiert werden. Man kann sich gegenseitig bestärken, motivieren und inspirieren.

Jeder sollte das Beste aus sich herausholen. Das schafft man nur, wenn alle eine übergeordnete Vision haben und an das gemeinsame Ziel glauben. Dadurch entsteht Spaß an der Arbeit und alle können die positive Energie spüren. Die Teamführung ist natürlich nicht nur bei der Ideenfindung von Bedeutung, sondern auch bei einem bereits laufenden Projekt.

Der Teamleiter ist Anlaufstelle für Probleme und motiviert die anderen Mitarbeiter, wenn sie einmal das Ziel aus den Augen verlieren. Er selbst sollte daher den Fokus und die Vision immer beibehalten. Der Teamleiter fungiert auch als eine Art Kommunikationsbrücke zwischen den Mitarbeitern untereinander, aber auch zwischen den Mitarbeitern und dem gemeinsamen Ziel.

Seine persönlichen Interessen sollte er niemals in den Vordergrund stellen, sondern nur im Interesse des ganzen Teams handeln. Das kann manchmal schwer sein, wenn man denkt, dass die eigenen Ideen besser sind als die der anderen. Doch davon muss man sich freimachen. Es gibt kein „besser" oder „schlechter", nur Unterschiede. Man sollte immer unvoreingenommen auf die Ideen seiner Mitstreiter reagieren. Versprühen Sie keine negative Energie und kritisieren Sie Ihre Kollegen nicht. Das schafft ein positives Umfeld und Arbeitsklima. Sie können sich gegenseitig motivieren und letztendlich profitieren alle davon.

Die Arbeit im Team lebt also von einem gemeinsamen Ziel und der gegenseitigen Motivation und Inspiration. Führen Sie sich das immer vor Augen. Durch die übergeordnete Vision schaffen Sie eine komplett neue Dynamik im Team, die mit positiver Energie gefüllt ist. Jeder hat dabei seine ganz persönlichen Stärken, die zur Erreichung der Vision beitragen und sie prägen. Arbeiten Sie Hand in Hand und schauen Sie, was passiert!

Die Regel #1 für Unternehmen

Wenn Sie ein eigenes Unternehmen haben, ist dieses Kapitel für Sie sehr nützlich. Als Unternehmer wissen Sie sicher, dass dessen Führung eine herausfordernde Angelegenheit sein kann. Dank der Visualisierung wird Ihnen dies jedoch leichter fallen.

Die Regel #1 für Unternehmen lautet, dass Sie eine höhergestellte Unternehmensvision schaffen. Diese Vision dient nicht nur Ihrem Unternehmen und Ihnen selbst, sondern auch Ihren Mitarbeitern. Sie müssen sich darüber im Klaren werden, welchen Sinn Ihr Unternehmen erfüllt, was es in der Zukunft sein möchte und erreichen will.

Dadurch können Sie Ihre Arbeit und das Potenzial des Unternehmens optimieren. Ihre Umsätze werden automatisch steigen, wenn Sie sich eine übergeordnete Vision schaffen. Sie werden dadurch nämlich bei sich selbst und bei Ihren Mitarbeitern eine enorme Leistungssteigerung erreichen. Außerdem können falsche Entscheidungen viel besser vermieden werden, indem man sich fragt, ob ein bestimmter Weg wirklich zum Ziel führt.

Des Weiteren können sich Ihre Kunden besser mit Ihrem Unternehmen identifizieren und Ihre Werte teilen. Sie schaffen durch die Transparenz Ihrer Vision und Werte ein bestimmtes Vertrauen bei Ihren Mitarbeitern und Kunden, denn Ihr Unternehmen hat einen Nutzen, ein Vorhaben, einen Sinn und Zweck, warum es existiert.

Somit erleichtern Sie es potentiellen Mitarbeitern, sich mit Ihrem Unternehmen zu identifizieren und mit Ihnen gemeinsam an dieser Vision zu arbeiten. Auch Ihre bereits vorhandenen Mitarbeiter wissen dadurch, wofür Sie eigentlich bei Ihnen arbeiten und worin der Sinn dieser Arbeit besteht. Das führt zu einer besseren Zusammenarbeit und zu einem besseren Verhältnis zwischen Ihnen und Ihren Arbeitnehmern.

Sie werden gemeinsam daran arbeiten, um dieses Ziel zu erreichen und Energie hineinstecken. Ihre Mitarbeiter werden gerne zur Arbeit kommen und mit Freude ihr Wissen und Können mit Ihnen teilen. Das wird bisher unbekannte Kräfte und Energien freisetzen, die Ihr Unternehmen zum Erfolg führen. Eine gemeinsame Vision schafft unglaubliches Potenzial. Dieses Potenzial sollten Sie unbedingt nutzen. Erschaffen Sie eine genaue Unternehmensvision mit den Werten, die Ihnen wichtig sind. Denken Sie dabei in großen Dimensionen und seien Sie nicht zu bescheiden. Nur wer groß denkt, kann auch Großes erschaffen.

Beziehen Sie bei der Schaffung Ihrer Unternehmensvision Ihre Mitarbeiter mit ein. Fragen Sie, was das Unternehmen für sie bedeutet und wofür es ihrer Meinung nach steht. Haken Sie nach, was sich Ihre Mitarbeiter wünschen und was diese gerne verändern würden. Nehmen Sie die Ideen Ihrer Mitarbeiter an und schaffen Sie gemeinsam etwas Großes.

Bei der Entstehung dieser Vision sollte Geld nicht im Vordergrund stehen. Vielmehr sollte Ihre Vision darüber hinausgehen. Der Gewinn wird dann von ganz alleine kommen. Halten Sie sich also nicht mit einfachen Zielen auf wie „In 5 Jahren wollen wir den Gewinn verdoppeln“. Das ist keine Vision. Es erweckt keinerlei Emotionen bei Ihren Mitarbeitern oder Kunden. Niemand kann sich mit einer Steigerung des Gewinns identifizieren. Und welchen Sinn hat solch ein Unternehmen schon für die Allgemeinheit?

Seien Sie mit Ihrer Vision inspirierend. Erwecken Sie die Leidenschaft in den Menschen. Sie sollten mit Ihrem Unternehmen einen Mehrwert bieten können. Dieser kann zum Beispiel von sozialer oder ökologischer Art sein. Sie sollten versuchen, die Welt mit Ihrem Unternehmen zu einem besseren Ort zu machen.

Gerne können Sie sich an anderen erfolgreichen Unternehmen und Marken orientieren, um ein Gefühl dafür zu bekommen, wie solch eine Vision aussehen sollte. Nachfolgend möchte ich einige Visionen von Unternehmen teilen, die Sie inspirieren sollen:

Microsoft 1975: „A personal computer in every home running Microsoft software“

Das ist eine sehr ehrgeizige Vision, finden Sie nicht auch? Doch sehen Sie nur einmal, wie weit es Microsoft gebracht hat und was dieses Unternehmen auch heutzutage noch alles bewegt. Es gibt wohl kaum einen Menschen, der noch nie etwas von Microsoft gehört hat, Produkte von Microsoft nutzt oder es zumindest in der Vergangenheit getan hat.

Wikipedia: „Imagine a world in which every single person is given free access to the sum of all human knowledge.“

Das ist Wikipedia auch gelungen. Es ist wohl die am meisten besuchte Plattform, wenn es darum geht, sich über bestimmte Themen zu informieren und sich Wissen anzueignen. Die Vision konnte verwirklicht werden, doch das war nur möglich, weil man in großen Dimensionen gedacht hat.

Ikea: „To create a better everyday life for the many people."

Vielleicht haben auch Sie in Ihrer Wohnung Gegenstände oder Möbel, die Sie bei Ikea gekauft haben. Ikea ist für viele Menschen die erste Anlaufstelle, wenn es darum geht, die eigene Wohnung auszustatten und einzurichten. Damit wird das Leben zahlreicher Personen bereichert. Die Schaffung einer Unternehmensvision kann sehr komplex sein und ist oft ein schwieriges Unterfangen. Aber die Mühe wird sich lohnen. Nehmen Sie sich für die Vision Zeit, ziehen Sie Ihre Mitarbeiter zu Rate und verändern Sie die Welt! Denken Sie daran, dass Ihre Vision nicht zu allgemein gehalten ist und dass Sie ihr einen Sinn verleihen.

Mit der richtigen Vision wird Ihr Unternehmen von Erfolg gekrönt sein. Ganz nebenbei bieten Sie Ihren Mitarbeitern einen erstrebenswerten Arbeitsplatz, an dem diese gerne arbeiten und sich damit ihre eigene Vision erfüllen können. Sie werden ein erfolgreicher Unternehmer und ein attraktiver Arbeitgeber, der andere Menschen inspiriert. Sie können demzufolge nur gewinnen.

Zusammenfassung

Sie haben verschiedene Wege und Methoden kennengelernt, mit denen Sie Ihren Berufsalltag gestalten können. An erster Stelle steht jedoch, dass Sie eine Vision erschaffen und sich bewusstwerden, was Sie beruflich oder unternehmerisch erreichen möchten. Mit einer klaren Vision, ob für Sie selbst oder für Ihr Unternehmen, werden Sie viel verändern. Sie haben gelernt, dass Sie mit Ihren Kollegen und Mitarbeitern zusammenarbeiten und sich ein gemeinsames Ziel setzen sollten.

Lassen Sie die Magie in Ihr Leben

Sie haben noch nicht genug und möchten noch mehr über die Visualisierung lernen? Dann sind Sie in diesem Special, das ich für Sie zusammengestellt habe, genau richtig. Hier zeige ich Ihnen einfache Übungen im Umgang mit Ihren Visionen und warum es von Vorteil ist, wenn Sie Ihren Körper und Geist zu einer Einheit zusammenführen.

Mit diesen kleinen Übungen kommen Sie Ihrem Lebenstraum näher

Um Ihnen den Einstieg in die Visualisierung zu erleichtern, habe ich einige kleine Übungen für Sie vorbereitet. Sie sollen Ihnen dabei helfen, die Technik der Visualisierung zu verinnerlichen. Weiterhin gibt es eine Übung, die Ihnen zeigen soll, wie schön es sein kann, die positive Lebensenergie in Ihr Leben zu lassen.

Die Übungen mögen sehr simpel wirken, doch sie werden Ihnen die Welt der Visualisierung leichter zugänglich machen. Schnell werden sich Erfolgserlebnisse einstellen, die unabdingbar sind, wenn es darum geht, die eigenen Ziele zu erreichen. Sie halten die Motivation auf einem hohen Level, sodass Sie nicht so schnell dazu neigen werden, aufzugeben. Generell kann ich Ihnen nur ans Herz legen, das Thema Visualisierung nicht so schnell zur Seite zu legen, nur, weil sich Ihre Träume nicht innerhalb von ein paar Wochen erfüllen. Sie müssen die Visualisierung stets praktizieren und die positive Energie in Ihren Körper lassen. Lassen Sie sich nie entmutigen. Lassen Sie sich auf diese Reise ein und verlieren Sie nie Ihr Ziel aus den Augen.

Die erste Übung ist eine Art Achtsamkeitstraining. Dadurch lernen Sie, Ihre Umwelt und Ihre Handlungen bewusst wahrzunehmen. Vieles tun wir nur so nebenbei, ohne diesen Dingen Beachtung zu schenken. Oder wir hängen irgendwelchen Gedanken nach, die uns belasten und dadurch negative Auswirkungen auf unser Wohlbefinden haben.

Von nun an sollen Sie Ihren Alltag bewusst leben. Jedes Mal, wenn Sie eine Handlung ausführen - sei sie noch so unbedeutend und simpel - sagen Sie sich innerlich, was Sie gerade tun. Wenn Sie also zum Beispiel gerade eine Zwiebel schneiden, denken Sie sich: „Ich schneide eine Zwiebel". Oder wenn Sie sich einen gemütlichen Filmabend machen: „Ich setze mich auf das Sofa" - „Ich schalte den Fernseher ein" - „Ich schaue einen Film". Das mag ein bisschen übertrieben klingen. Doch um dieses Bewusstsein für Ihre Gegenwart zu festigen, müssen Sie zu Beginn ein wenig übertreiben. Je leichter es Ihnen fällt, in der Gegenwart zu leben, desto weniger müssen Sie im Verlauf aktiv daran arbeiten. Sobald Sie jedoch merken, dass Sie sich wieder zu sehr vom Alltag beeinflussen lassen, können Sie diese einfache Übung praktizieren, um wieder zur inneren Mitte zu finden.

Mit dieser Methode ist es möglich, negative Gedanken einfach beiseite zu schieben. Anstatt sich den Kopf über Dinge zu zerbrechen, die Sie momentan sowieso nicht beeinflussen können, konzentrieren Sie sich auf den Moment. Dadurch lernen Sie Ihre Impulse zu kontrollieren und sich nicht jedem äußeren Einfluss hinzugeben.

Stattdessen haben Sie die Kontrolle über Ihre Emotionen, Gedanken und damit auch über Ihre Handlungen. Sie werden also innerlich viel ruhiger und ausgeglichener. Wenn Sie diese Achtsamkeitsübung beherrschen, werden Sie sich automatisch besser und erfolgreicher fühlen, denn schließlich führen Sie sich jede Handlung vor Augen. Zeitgleich schärfen Sie so auch Ihre Wahrnehmung für Ihre Gedanken und Emotionen, aber auch für Ihre Umwelt. Sie werden die Welt um sich herum viel intensiver wahrnehmen als zuvor.

Die nächste Übung dient dazu, Ihr Bewusstsein zu schärfen und die positive Lebensenergie in Ihnen zu stärken. Versetzen Sie sich dazu in gute Stimmung. Hören Sie Ihre Lieblingsmusik, tanzen Sie oder egal was, die Hauptsache ist, dass Sie die pure Energie fühlen, die in Ihnen steckt.

Gehen Sie mit diesem Glücksgefühl hinaus, wo Sie anderen Menschen begegnen. Können Sie sich denken, was passiert? Durch Ihre positive Energie und Offenheit werden Sie viel leichter mit Menschen in Kontakt kommen. Die Menschen werden Ihnen plötzlich positiv entgegentreten, Sie anlächeln und vielleicht werden Sie sogar in ein kurzes Gespräch verwickelt.

Viel zu oft sind die Menschen nur gestresst und dadurch schlecht gelaunt. Und natürlich macht man mit einer negativen innerlichen Grundhaltung keine positiven Erfahrungen im Umgang mit anderen Personen. Wenn Sie jedoch Ihre innere Grundhaltung ändern, werden Ihnen die vielen anderen Menschen auffallen, die eine ebenso positive Grundhaltung haben. Negativ gestimmte Menschen und Situationen werden Sie gar nicht mehr richtig wahrnehmen, weil Sie sich nur auf das Positive konzentrieren.

Vielleicht überraschen Sie auch einmal jemanden und lächeln eine Person einfach an, sobald Sie angesehen werden. Das mag bei Ihrem Gegenüber im ersten Moment für Verwunderung sorgen, doch mit großer Wahrscheinlichkeit werden Sie ebenfalls ein Lächeln erhalten. Damit erzeugen Sie ein positives Gefühl, das eventuell den ganzen Tag wirkt.

Für die nächste Übung nehmen Sie bitte etwas Essbares in die Hand. Dies kann ein Apfel, eine Tomate, eine Scheibe Brot etc. sein. Für was Sie sich entscheiden, spielt für die Aufgabe keine Rolle. Nun betrachten Sie Ihren Gegenstand eingehend und prägen sich diesen gut ein. Anschließend legen Sie ihn wieder weg.

Jetzt schließen Sie die Augen und versuchen, das Bild Ihres eben betrachteten Gegenstandes im Kopf zu rekonstruieren. Schaffen Sie davon ein klares Abbild - mit jedem kleinen Detail. Wenn Sie das geschafft haben, nehmen Sie weitere Sinne hinzu.

Wie fühlt sich der Gegenstand an? Wie riecht er? Wie schmeckt er? Wie hört es sich an, wenn sie zum Beispiel hineinbeißen oder ihn aufschneiden? Nehmen Sie alles in Ihre Vorstellung auf. Je intensiver Sie diese Aufgabe ausüben, desto mehr wird sie Ihnen bei der Visualisierung Ihrer Ziele helfen.

Wenn Sie noch einige Probleme mit der Übung haben, können Sie am Anfang den jeweiligen Gegenstand auch noch in der Hand behalten.

Die gleiche Methode können Sie auch bei Erinnerungen einsetzen. Suchen Sie sich zum Beispiel ein altes Urlaubsfoto oder ein Souvenir, das Sie von irgendwoher mitgebracht haben. Betrachten Sie dieses Foto oder Souvenir eingehend. Danach versuchen Sie, sich in die Situation, die Sie erlebt haben, zurückzuversetzen.

Was haben Sie in diesem Moment getan? Wie haben Sie sich dabei gefühlt? Versuchen Sie auch hier wieder alle Ihre Sinne einzusetzen. Erleben Sie die Erinnerung so intensiv und lebhaft wie möglich. Sie sollten den Moment und das damit verbundene Glück in Ihrem Körper förmlich spüren. Vielleicht zaubert es Ihnen sogar ein Lächeln auf die Lippen.

Diese kleinen Übungen können Sie perfekt in Ihren Alltag integrieren. Mit der Zeit werden Ihnen die Aufgaben immer leichter fallen, bis Sie diese perfekt beherrschen. All diese Übungen werden Ihnen helfen, die Kunst der Visualisierung zu perfektionieren. Und das wiederrum bedeutet, dass Sie Ihre Träume und Ziele im Leben auch wirklich erreichen.

Bonus: Bringen Sie Ihren Körper und Geist in Einklang – Für noch mehr Erfolg im Leben

Für ein erfolgreiches Leben ist ein gesunder Körper unabdingbar. Daher sollten Sie nicht nur Ihren Geist trainieren, sondern auch Ihren Körper. Das wird Ihnen zusätzlich Selbstbewusstsein verleihen und Sie werden Ihre Ziele viel motivierter und geradliniger angehen. Im Prinzip können Sie jede Sportart ausführen, die Ihnen Spaß macht und guttut - sei es Laufen, Schwimmen, Krafttraining, Tennis etc. - die Hauptsache ist, dass Sie Ihren Körper trainieren. Das Training hat nicht nur einen positiven Effekt auf Ihren Körper, sondern auch auf

Ihren Geist. Durch den Sport können Sie sich besser entspannen und den Kopf frei bekommen. Durch die ausgeschütteten Glückshormone werden sie ausgeglichener, zufriedener und fokussierter und können sich besser auf eine Sache konzentrieren.

Es gibt aber eine Sportart, die eine besondere Beziehung zwischen Ihren Geist und Ihren Körper herstellen kann. Mit Sicherheit kennen Sie diese oder haben zumindest schon einmal davon gehört. Die Rede ist von Yoga. Yoga zielt darauf ab, Ihren Körper und Geist in Einklang zu bringen, im Jetzt zu leben und sich gleichzeitig zu entspannen.

Die Verbindung zu Ihrem Bewusstsein steht dabei im Vordergrund. Yoga stammt aus Indien und ist dort eine philosophische Lehre. Viele denken bei Yoga an einen typischen Frauensport, der an einen Gymnastikkurs erinnert. Doch weit gefehlt. Yoga kennt kein Geschlecht. Ursprünglich war Yoga eine reine Männerdomäne und ein Sport, den Frauen nicht ausüben durften. Heutzutage praktizieren Yoga viele erfolgreiche Menschen, Frauen wie Männer, um ihr Bewusstsein zu schärfen und zu innerer Ausgeglichenheit zu finden. Sogar die Deutsche Fußball Nationalmannschaft macht regelmäßig Yoga.

Dies hilft dabei den Kopf frei zu bekommen, zu entspannen und sich wieder schnell zu regenerieren. Durch die Kombination der einzelnen Übungen mit der Atmung können innere Blockaden gelöst werden. Sie stellen automatisch eine Verknüpfung zwischen Ihrem Geist und Körper her, wodurch Sie sich voll und ganz auf die Gegenwart konzentrieren.

Mit der Konzentration auf die Atmung können Gedanken einfach vorbeiziehen, ohne dass wir sie bewerten. Yoga weckt also die Spiritualität, die in uns verborgen liegt. Es kann uns den Weg zeigen, indem wir uns mit unserem Bewusstsein verbinden und tief in uns hineinhören.

Wenn Sie noch nie Yoga praktiziert haben, empfehle ich Ihnen, besonders zu Beginn einen Kurs zu besuchen. Es ist wichtig, dass Sie die Übungen korrekt ausführen, um keine Verletzungen zu riskieren. Ein Lehrer kann dann unter Umständen gezielt eingreifen. Beherrschen Sie einmal die vielen Grundpositionen, können Sie Yoga auch zu Hause machen.

Manche brauchen die Gruppendynamik, andere sind lieber ganz für sich und ungestört. Es gibt für zu Hause viele tolle Videos auf YouTube, die Sie nutzen können. Gerade als Anfänger sollten Sie sich von anderen anleiten lassen und nicht einfach alleine damit beginnen.

Dadurch würde Ihnen der Spirit des Yogas verloren gehen, weil Sie nur damit beschäftigt sind zu überlegen, was Sie als Nächstes tun sollen. Eine Videoeinheit hilft Ihnen dabei, sich voll und ganz auf die Übungen und Ihre Atmung zu konzentrieren. Dadurch kann sich die Spiritualität vollkommen entfalten und Sie werden Yoga richtig lieben lernen. Es wird zu einem festen Ritual in Ihrem Leben, das Sie jedes Mal erden wird, weil Sie damit Ihre Mitte finden.

Auch für Anfänger eignet sich Yoga hervorragend. Wenn Sie von sich denken, dass Sie eher sportlich unbegabt sind oder schon sehr lange keinen Sport mehr gemacht haben, kann ich Sie beruhigen. Yoga ist eine sehr variable Sportart. Beim Yoga geht es nicht um Perfektionismus, sondern um den Weg zu sich selbst.

Für jede Figur gibt es Positionen für Anfänger, die sehr viel leichter auszuführen sind. Besonders in den Kursen lernen Sie diese alternativen Positionen kennen. Es gibt aber auch Videos, die ebenfalls speziell auf Einsteiger eingehen und dies berücksichtigen. Somit ist Yoga für jede Person geeignet - egal, ob dick, dünn, sportlich oder nicht. Der Ablauf der Bewegungen und die Atmung stehen stets im Vordergrund.

Zudem gibt es viele verschiedene Stile beim Yoga. Es gibt Stile, die sind sportlich herausfordernder und Stile, die den Fokus mehr auf die Entspannung legen. Des Weiteren gibt es Varianten mit Tüchern, in denen man hängend seine Übungen macht oder das sogenannte Hot Yoga. Hier praktiziert man das klassische Yoga in einem Raum mit ungefähr 40 Grad.

Welche Variante einem am besten gefällt, muss jeder für sich selbst herausfinden und einfach verschiedene Stile ausprobieren. Ich persönlich bin ein großer Anhänger des sogenannten Hatha-Yogas. Am liebsten mache ich Yoga morgens direkt nach dem Aufstehen. Dadurch werden Körper und Geist aufgeweckt. Man fühlt sich danach richtig dynamisch und hat eine hohe Motivation für den bevorstehenden Tag. Der Kaffee am Morgen wird dadurch überflüssig.

Am Ende einer jeden Yogaeinheit kommt das Shavasana. Dies ist eine Schlussentspannung, bei der man noch einmal komplett alles loslassen kann. Dabei liegt man mit geschlossenen Augen bewegungslos auf dem Rücken. Die Atmung sollte langsam und bewusst erfolgen und möglichst in rhythmischen Bewegungen. Nach und nach entspannt sich der Körper immer mehr.

Ein guter Lehrer weiß, wo genau die Punkte liegen, die viele von uns bis zum Schluss festhalten. Diese Punkte, wie zum Beispiel der zwischen den Augenbrauen, nimmt man häufig gar nicht wahr. Dies merkt man erst, wenn man bewusst loslässt. Die Gedanken lässt man während der Schlussentspannung komplett vorbeiziehen. Man lebt in diesem Moment in der totalen Gegenwart, absolut entspannt und wertefrei. So soll eine Verbindung zum eigenen Bewusstsein hergestellt werden. Auch dies ist eine wunderbare Achtsamkeitsübung. Sie ist letztendlich eine Form der Meditation, bei der man sich von allem freimacht.

Ich kann Ihnen nur empfehlen, Yoga einmal auszuprobieren. Es wird Ihnen viel Kraft und gleichzeitig geistige Entspannung bringen. Sie werden lernen, bewusster mit sich selbst umzugehen. Zudem ist es eine tolle Ergänzung zu Ihren Visualisierungen. Sie lernen sich zu konzentrieren und im Hier und Jetzt zu leben.

Das stärkt Ihre Gedankenkraft, die Sie in Ihre Ziele und Träume investieren können. Sehen Sie es als ein ganzheitliches Konzept. Wenn Sie Yoga mit Ihren Visualisierungstechniken kombinieren, festigt sich beides gegenseitig.

Zusammenfassung

Die vorgestellten Übungen werden Ihnen dabei helfen, wenn es darum geht, die Technik der Visualisierung anzuwenden und zu trainieren. Es braucht etwas Geduld und Durchhaltevermögen, bis man die Visualisierung perfektioniert hat. Geben Sie nicht auf und üben Sie. Betrachten Sie es als eine Art Sport. Sie müssen so lange trainieren, bis Sie die Sportart beherrschen.

Wie das mentale Training Ihnen bei der Ausübung Ihres Sportes helfen kann, so hilft Ihnen umgekehrt auch der Sport beim mentalen Training. Körper und Geist sollten in einer stetigen Balance sein. Dadurch werden Sie sehr viel ausgeglichener und können die positive Energie, die Ihnen der Sport und die Gedankenkraft bieten, besser für sich nutzen. Besonders Yoga kann Ihnen bei Ihrem Weg zu sich selbst und Ihren Träumen eine große Stütze sein. Durch die Bewegungsabläufe und die Atmung werden Ihr Körper und Geist zu einer Einheit zusammengeführt.

Auf ein Wort ...

Ich hoffe, ich konnte Sie für die Welt der Visualisierung begeistern und Ihnen aufzeigen, welch enormes Potenzial auch in Ihnen steckt. Es ist mir eine Herzensangelegenheit, dass Sie ein erfolgreiches und glückliches Leben führen - so wie Sie es sich wünschen. Sie müssen jedoch hart arbeiten, wenn Sie Ihre Ziele erreichen möchten.

Nur mit dem Lesen dieses Buches ist es leider nicht getan. Die eigentliche Arbeit beginnt erst jetzt. Doch es wird sich für Sie nicht wie wirkliche Arbeit anfühlen. Sie werden es lieben Ihre Träume zu visualisieren. Und noch viel mehr werden Sie es lieben, wenn sich Ihre Träume schließlich erfüllen.

Bleiben Sie daher immer am Ball, auch wenn es Zeiten gibt, in denen sich Ihr Leben wie eine Achterbahnfahrt anfühlt und Sie nicht mehr wissen, wo oben und unten ist. Besonders in solchen Zeiten kann Ihnen die Visualisierung helfen, Ihr Leben wieder in die richtige Bahn zu bringen und sich zu fokussieren. Es ist sehr wichtig, an sich selbst und an die eigene Macht zu glauben, die wir mit Hilfe unserer Gedanken entfesseln können.

Die positive Energie, die Sie aussenden, wird zu Ihnen zurückkehren. Sie werden im Fluss des Lebens mitreisen und sich zu einem energiegeladenen Menschen entwickeln, der andere mit seiner Positivität ansteckt. Arbeiten Sie also an sich selbst und werden Sie zu einem besseren Menschen. Leben Sie jeden Moment bewusst. Lieben Sie das Leben und jede Erfahrung, die Sie machen. Und vor allem: Lieben Sie sich selbst.

Aber genug der langen Worte.

Fangen Sie JETZT an und erobern Sie die Welt!

Kristin Berger Loewenstein

Entfalten Sie Ihr verstecktes Potenzial!

POSITIVES DENKEN
Die Kraft Deiner Gedanken

Wie Sie mit Hilfe positiver Psychologie, Achtsamkeit und den richtigen Glaubenssätzen Resilienz entwickeln und zu einer starken Persönlichkeit werden

„Dieses Buch hat mir den ersten Schritt aus meinen Problemen gezeigt."

– Amazon Kunde

Denken Sie positiv – starten Sie noch heute in ein spannendes, neues Leben voller Zuversicht, Erfüllung und persönlichem Glück.

Sie sind unzufrieden mit sich selbst und auf der Suche nach dem **wahren Glück**? Endlich ist die Lösung da! Kristin Berger–Loewenstein lüftet das Geheimnis rund um ein glückliches Leben und begleitet Sie Schritt für Schritt bei Ihrer persönlichen Entwicklung — mit wertvollen Tipps und praxisnahen Beispielen aus dem echten Leben.

ISBN: 978–1695000186
Kristin Berger–Loewenstein

Mehr von Kristin Berger-Loewenstein...

SELBSTLIEBE
Reise zu Deinem neuen Selbst

Wie Sie Ihre innere Kraft entdecken, zu mehr Glück und Zufriedenheit gelangen und Ihre Persönlichkeit neu aufblühen lassen (inkl. Achtsamkeit Übungen)

„Da ich mich gerade in einer Krise befinde, kommt dieses Buch wie gerufen."

– Amazon Kunde

Beneiden Sie nicht die Glücklichen und Erfolgreichen...
Seien Sie noch heute eine/r von ihnen!

Dieses Buch begleitet Sie **Schritt für Schritt** auf einer emotionalen und aufregenden Reise – hin zu Ihrem neuen, sich selbst liebenden Ich. Dank **einfach nachzumachender Übungen** werden Sie in kürzester Zeit lernen, mit sich selbst im Reinen zu sein und die Tiefen Ihrer Persönlichkeit entfalten.

ISBN: 978-1693621758

Kristin Berger-Loewenstein

Die Top Bestseller im Überblick!

EMOTIONALE INTELLIGENZ
Gefühle verstehen

Wie Sie mit Hilfe effektiver Methoden Gelassenheit lernen, Stress bewältigen, Menschen lesen und Schritt für Schritt Ihre Beziehung verbessern

„Öffnet einem die Augen, Dinge anders zu betrachten und zu handeln."

– Amazon Kunde

Wer heutzutage erfolgreich sein will, muss seine Emotionen verstehen und die Macht der emotionalen Intelligenz für sich beherrschen!

Dieser Ratgeber behandelt alles rund um das Thema Emotionale Intelligenz und zeigt Ihnen **unvorhergesehene Möglichkeiten** auf, wie Sie Ihre Gefühle und Gedanken miteinander in Einklang bringen und durch effektivere Kommunikation ungeahnte Lösungen für Ihren persönlichen Erfolg im Umgang mit anderen Menschen entdecken.

ISBN: 978–1698562346

Kristin Berger–Loewenstein

Weitere Bücher von Kristin ...

GESETZ DER ANZIEHUNG
Affirmationen für mehr Glück

Wie Sie die Macht der Visualisierung richtig nutzen und durch einfache Annahmen die Geheimnisse der menschlichen Psychologie verstehen & anwenden

„Ein gutes Buch, um mehr über die Psychologie zu lernen und die Menschen in seinen Bann zu ziehen."

– Amazon Kunde

Das Gesetz der Anziehung wird Ihnen helfen, Ihr verstecktes Potenzial zu entfalten und auf der Überholspur des Lebens durchzustarten.

Hören Sie auf, wertvolle Lebenszeit zu verschwenden und erfahren Sie am besten jetzt sofort und noch heute, wie Sie wie ein Magnet Erfolg, Reichtum und Glück **magisch anziehen** – Sie werden keinen einfacheren und sicheren Weg finden, um endlich den lang ersehnten Erfolg in Ihr Leben zu lassen.

ISBN: 978–1694093189

Kristin Berger–Loewenstein

... und von Julius Loewenstein.

RHETORIK | SMALLTALK | SCHLAG-FERTIGKEIT | SELBSTBEWUSSTSEIN

Das Große 4 in 1 Buch!

Wie Sie die Kunst der Kommunikation, der Körpersprache und selbstbewusstes Auftreten erfolgreich meistern

„Standardwerk für erfolgreiche Kommunikation - das wohl mächtigste Buch zum Thema.“

– Amazon Kunde

Das Große 4 in 1 Buch vom Bestseller-Autor Julius Loewenstein!

Dieser Klassiker umfasst die vier Dauer-Bestseller von Julius Loewenstein. In diesem Buch werden essenzielle Erfolgsstrategien gebündelt und **ungekürzt** in vollem Umfang wiedergegeben. Damit Sie das ganze Paket der Persönlichkeitsentwicklung für Ihren Erfolg aus einer Quelle beziehen und dabei kostengünstig auf wertvolles Praxis-Wissen zugreifen!

ISBN: 978-1073655007

Julius Loewenstein